Kurioses aus der Denkmallandschaft

Von irdischen und himmlischen Geschöpfen

Band 1

Herrn Pfarrer Johannes Hille
mit Dank überreicht
anläßlich der
Emeritierung.
Propstei Salzgitter - Lebenstedt
19. August 2006
Joachim [illegible]

Friedrich Ludwig Müller (Hrsg.)

Kurioses aus der Denkmallandschaft

Von irdischen und himmlischen Geschöpfen

Band 1

MONUMENTE Publikationen
der Deutschen Stiftung Denkmalschutz

Grußwort zur ersten Auflage

Kurioses aus der Denkmallandschaft. Von irdischen und himmlischen Geschöpfen ist der Versuch, durch die Begegnung mit ungewöhnlichen Bauwerken etwas über ihren kunsthistorischen Wert, aber auch die Sehnsüchte und Nöte, Freuden und Leiden früherer Generationen zu lernen.

Und wer könnte sich zum Beispiel dem Charme entziehen, der über einem Spielhaus liegt, das ein bedeutender Jugendstil-Architekt als Gesamtkunstwerk für eine leibhaftige Prinzessin entwarf? Oder wer ließe sich nicht von einem „Lügenstein" aus dem 14. Jahrhundert faszinieren, der mit seinen grotesken Masken spontan an moderne Künstler denken läßt?

Eine solche Annäherung an die Kulturgeschichte braucht Spürsinn und die Bereitschaft, sich auf das scheinbar Fremde einzulassen, um es sich gewinnbringend anzueignen. Es ist das Verdienst der Autorinnen und Autoren, diese Fühlungnahme so leicht zu gestalten, daß der Leser nicht nur ganz beiläufig Wissenswertes erfährt, sondern vielleicht auch den Wunsch hat, die kuriosen Zeugnisse vergangener Tage in Augenschein zu nehmen.

Das Buch *Kurioses aus der Denkmallandschaft. Von irdischen und himmlischen Geschöpfen* erfüllt damit eine wichtige Aufgabe. Denn nur wer weiß, was zu verlieren steht, wer die schier unglaubliche Mannigfaltigkeit der historischen Bauwerke kennt, wird sich für ihren Erhalt einsetzen.

Gottfried Kiesow

Bonn, im August 1998

Prof. Dr. Dr.-Ing. E.h.
Gottfried Kiesow

Vorsitzender der
Deutschen Stiftung Denkmalschutz

Inhalt

Von irdischen und himmlischen Geschöpfen

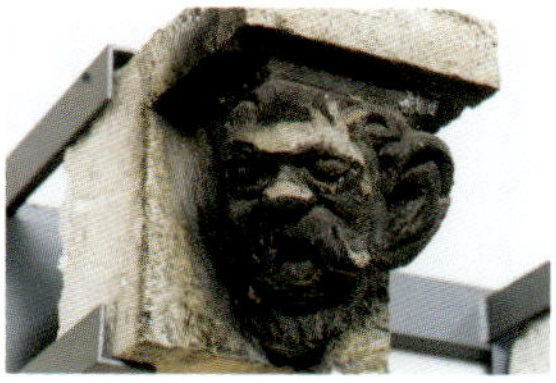

Von bildlichen Botschaften

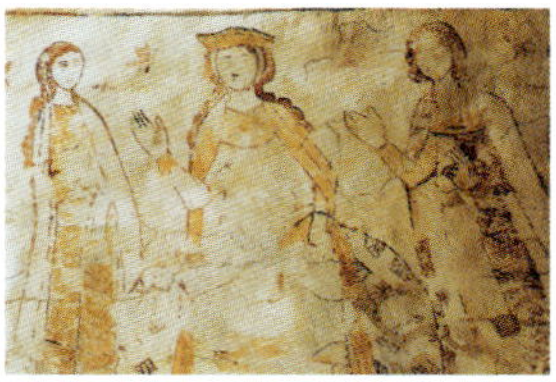

Autorinnen und Autoren:

Thomas Mertz:
Trauer muß Pomona tragen

Annette Mittring:
Die Mühle, die Bibelsprüche zermahlt

Friedrich Ludwig Müller:
Trauer muß Pomona tragen; Die pommerschen Mohren; Die junge Frau und ihr Grabmal

Carola Nathan:
Der schusternde Glöckner

Dr. Angela Pfotenhauer:
Die stille Post; Die lustigen Weiber

Christiane Rossner:
Ein Kindertraum; Die graziöse Maschine; Die Freiheit des Christenmenschen; Der Meister des Holzes; Der allzu menschliche Menschensohn; Rom über die Alpen getragen; Alles Pappe; Eine der schönsten optischen Täuschungen; Wer's glaubt, wird hundert; Augusts Säulen; Der trunkene Herkules; Moral vom Rathausturm; Der steinerne Hüne; Die Tragödie in der Reithalle; Der barocke Taufengel; Die törichten Jungfrauen; Bismarcks großer Lauschangriff; Heilung aus dem Himmelsgarten; Die lustigen Weiber; Der Leichtfuß und die Königin; Die edlen Wilden

Dr. Christiane Schillig:
Welt verkehrt in St. Marien; Rätsel um Indianer-Kind; Tee, Glanz und Perlen

Dr. Bettina Vaupel:
Auf hoher See im märkischen Sand

Vorwort

Als einen ihrer beliebtesten Lesestoffe nennen die Leserinnen und Leser der Zeitschrift MONUMENTE, des Magazins für Denkmalkultur in Deutschland, dessen Herausgeber die Deutsche Stiftung Denkmalschutz ist, die Serie „Für Sie entdeckt". Sie berichtet von Denkmalen, die mit wundersamen Begebenheiten, mit kuriosen und heiteren Geschichten bis hin zur Groteske verbunden sind. Auf dem „Beliebtheitstreppchen" stehen diese Berichte auf gleicher Stufe mit der Reihe „Sehen lernen mit Gottfried Kiesow", einer architektonischen Bildungsreise durch die Baukultur der Jahrhunderte.

Was lag da näher als der Gedanke, die Serie „Für Sie entdeckt", wenn sie schon in der Lesergunst der architektonischen Sehschule nicht nachsteht – gleichfalls neu gestaltet und geordnet als Buch vorzulegen. So entstand dieser erste Band der Reihe.

Wer ein Buch plant – ob als Autor, Verleger oder Herausgeber – sollte sich sicher sein und dafür gute Gründe haben, daß es seine Leser findet. Ökonomisch ausgedrückt: daß es eine Marktchance haben wird. So gesehen stellte dieses Buch eine gute Wahl dar. Die vielen Anfragen und Bitten, das Buch erneut aufzulegen, nachdem die zweite Auflage vergriffen war, sprechen für sich und legen auch den nächsten Schritt nahe: Den „Irdischen und himmlischen Geschöpfen" einen zweiten Band „Von Flügelwesen und Theaterdonner" folgen zu lassen. Beide Bände werden auch weiterhin ihre Leser finden, weil diese Bücher Kulturgeschichte einmal ganz anders erzählen.

Bonn, im Mai 2006

Friedrich Ludwig Müller
Chefredakteur der
Zeitschrift MONUMENTE

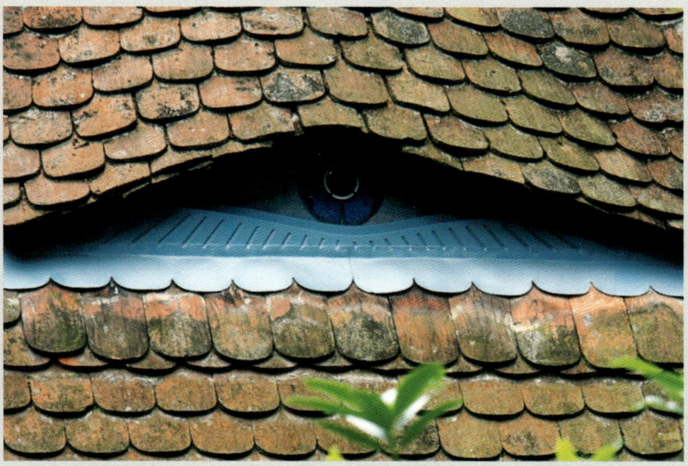

Vom schönen Wohnen

Wenn der Alltag sich bisweilen in engen Räumen abspielt, die Wohnstube zugleich als Schusterwerkstatt dienen muß, bleibt das schöne Wohnen nur ein Traum. Selten findet er sich – sämtliches Interieur nebst Park umfassend – als Gesamtkunstwerk realisiert. Doch ob im privaten Heim oder im Hause des Herrn: Überall begegnet man in deren Einrichtung der Sehnsucht des Menschen, die äußere Welt auch visuell angenehm zu gestalten. Ein Ausstattungsstück soll sich meistens nicht in seiner Funktion – etwa Beichtstuhl zu sein – erschöpfen, sondern über das Nützliche und Praktische hinaus geschmackvoll sein oder gar etwas aussagen – wie zum Beispiel ein Epitaph, dessen Bild das Geschehen am Ostermorgen bezeugt und die Hoffnung des Verstorbenen auf ewiges Leben verkörpert.

Ein Kindertraum

Spielhaus der Prinzessin Elisabeth im hessischen Wolfsgarten

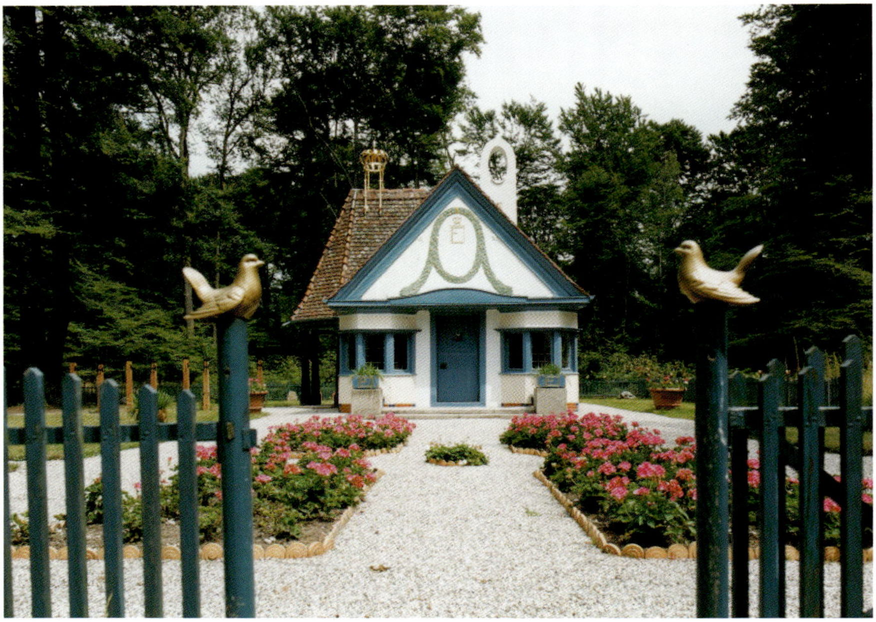

„Es war einmal, so fing das Märchen an, doch aus den Kinderworten wurde Tat, und dieses Häuschen ist nun immer mein, nur für mich selbst erbaut im Jahre 1900zwein."

Im Park von Schloß Wolfsgarten bei Langen, dem einstigen Sommersitz der hessischen Herzöge, steht ein kleines Häuschen in einem umzäunten Garten. Auf den blau gestrichenen Zaunpfosten hocken goldschimmernde Täubchen. Es ist kein gewöhnliches Haus, sondern der Traum aller Mädchen, die schon immer in einem Puppenhaus leben wollten.

Für die siebenjährige Prinzessin Elisabeth von Hessen und bei Rhein wurde dieser Traum im Jahr 1902 wahr. Was als Geschenk des großzügigen Vaters für seine Tochter gedacht war, ist heute ein kunsthistorisches Juwel. Denn das Spielhaus der hessischen Prinzessin stellt das einzige unverfälscht erhaltene Gesamtkunstwerk des Jugendstil-Architekten Joseph Maria Olbrich (1867–1908) dar.

Der Vater der Prinzessin, der letzte Großherzog von Hessen, Ernst Ludwig, trat 1892 mit 23 Jahren die Regierung an. Er war durchdrungen von dem Gedanken, auf der Darmstädter Mathildenhöhe eine Künstlerkolonie als ein *Dokument Deutscher Kunst* zu gründen. Persönlich wählte er Künstler aus und nahm Kontakt zu ihnen auf. Sieben Meister ihres Faches, darunter Peter Behrens und Hans Christiansen, konnte er für sein Vorhaben gewinnen, einen Ort zu schaffen, der mit und durch die Kunst lebt.

Der Großherzog war nicht nur ein überzeugter Mäzen der Kunst, er setzte sich auch als Staatsmann feste Ziele. 1918 schrieb er für seine Söhne Grundsätzliches über die Aufgaben eines Landesvaters nieder. Der Fürst müsse die „Triebfeder" sein und „alle Möglichkeiten der Zukunft im Auge haben, damit er als erster immer bereit ist, in einer neuen Frage mitzuhelfen, wenn sie seinem Volk von Nutzen sein könnte". Von seinem Projekt auf der Mathildenhöhe versprach er sich einen praktischen Vorteil, denn Erziehung des Geschmacks sollte auch Aufschwung in Handel und Gewerbe nach sich ziehen. Nicht umsonst widmete er später dem Atelierhaus, Mittelpunkt der Künstlerkolonie, den Spruch: „Mein Hessenland blühe und mit ihm die Kunst."

Bei seiner Suche nach geeigneten Künstlern stieß Ernst Ludwig 1899 auf die Entwürfe für das aufsehenerregende Ausstellungsgebäude der Wiener Sezession, das Joseph Maria Olbrich 1897/98 gebaut hatte. Der Großherzog lud Olbrich zu sich nach Darmstadt ein: „Ich fühlte sofort, da ist etwas Frisches und ganz zu mir Passendes, etwas Sonniges, was ich bei allen anderen nicht spürte. Er kam sofort auf meinen Ruf, um mit mir gegenseitig erste Fühlung aufzunehmen, aber wir beide fingen sofort Feuer. Meine Gedanken begeisterten ihn, und mir war er von vorneherein äußerst sympathisch."

Olbrich wurde schnell das Haupt der Künstlerkolonie. Sein Credo, wenn Kunst und Leben verschmölzen, bestimme und beflügele Harmonie die Gemeinschaft der Menschen, kam den Vorstellungen des Großherzogs sehr

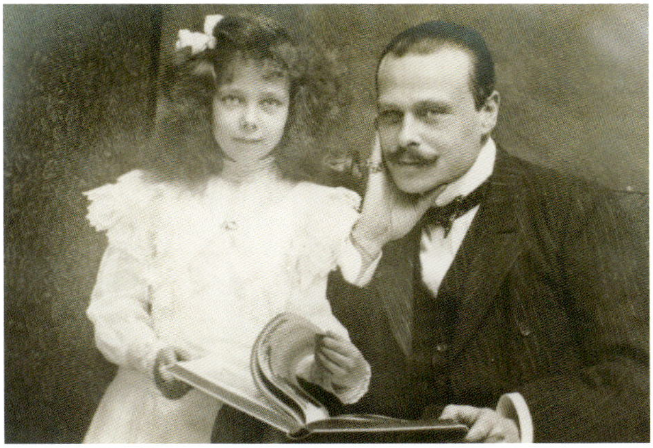

Großherzog Ernst Ludwig mit Prinzessin Elisabeth von Hessen und bei Rhein, 1903

entgegen. Die Kunstausstellungen wie die Gebäude, die bis auf ein Haus alle aus der Hand Olbrichs stammen, wurden ein Triumph. Olbrich stieg durch die herzogliche Förderung zum gefragten Architekten auf, der nicht nur Häuser, sondern – wie es der Auffassung des Jugendstils entsprach – sämtliches Interieur nebst Garten und Park als Gesamtkunstwerk gestaltete.

Joseph Maria Olbrich lebte für seine Überzeugung. Seine Schaffenskraft war unerschöpflich, und denen, die seinen Arbeitseifer nicht nachvollziehen konnten, setzte er entgegen: „Arbeit! Vergnügen! Alles, was Sie hier sehen, lauter Vergnügen!"

Sichtbare Freude bereitete ihm auch der Auftrag für das Spielhaus von Prinzessin Elisabeth. Wie im Großen, so komponierte er auch im Kleinen ein Kunstwerk, dessen unnachahmlicher Charme aus seiner Umsetzung kindlicher Wünsche entspringt.

Als Auge gestaltete Dachgaube

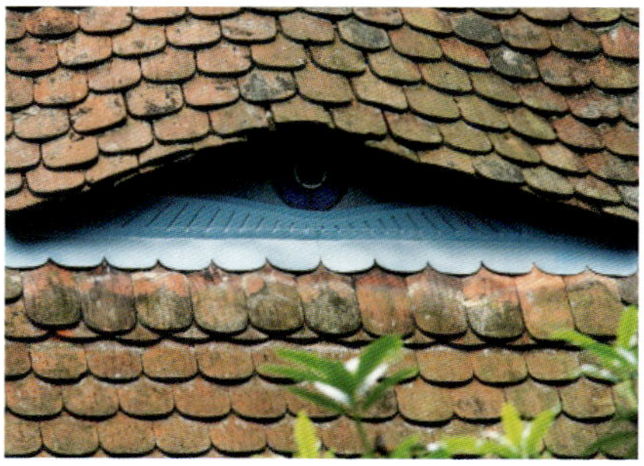

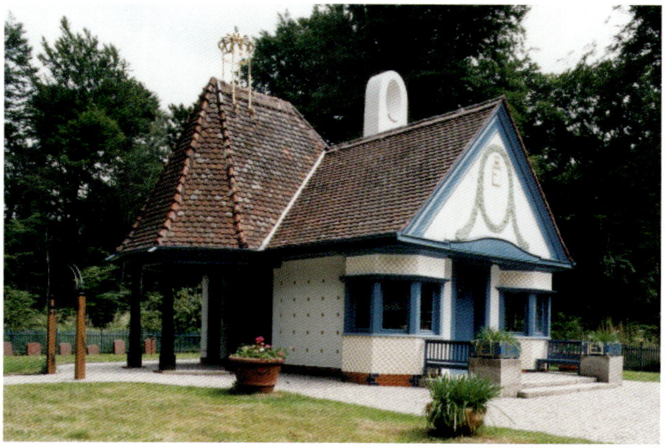

Mit goldener Krone verziertes Dach; Geschirr der Fürstlich Ysenburgschen Manufaktur

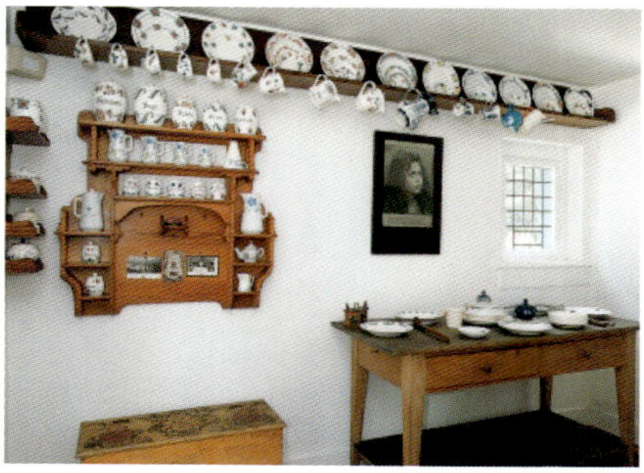

Von Ferne dominiert das hoch aufstrebende, übereck gebaute Dach. Auf dem First thront eine schmiedeeiserne, vergoldete Krone, daneben ragt, wie so oft bei Olbrichs Bauten, ein hoher, weißer Schornstein empor, dessen ovale Öffnung vielen Zeitgenossen als großes Nadelöhr erschien. Vermutlich griff Olbrich mehr aus gestalterischen Gründen das Oval der Stuckgirlande vom Schaugiebel des Häuschens noch einmal auf. Doch wer weiß! Viele der verspielten Details haben einen tieferen Sinn, spiegeln sie doch die Gedankenwelt der siebenjährigen Prinzessin wider. Sie liebte Grimms Märchen und die von Johanna Spyri 1880 erstmals erschienenen Erzählungen von *Heidi*. Die Träume des kleinen Mädchens beflügelten die poetische Ader Olbrichs.

Olbrich kopierte nicht einfach ein großes Wohnhaus *en miniature*, sondern paßte seinen Entwurf an die Maße und Bedürfnisse des Kindes an. Das eingeschossige Haus besteht aus zwei Räumen, Salon und Küche. Die Raumhöhe beträgt nur 1,90 Meter. Im Vergleich zu den damals üblichen Raumhöhen von bis zu 3,50 Metern unterstreicht die niedrige Decke den kindgerechten Charakter des Spielhauses. Selbst das edle Parkett mit seiner feinen Maserung ist auf die Leichtigkeit des Häuschens abgestimmt.

Das Kinderhaus, eine Ziegel-Fachwerk-Konstruktion, bildet eine Mischung aus Landhaus und Villa, mit Anklängen an den Heimatstil und Elementen aus dem Biedermeier, die auch in spätere Bauten Olbrichs Eingang fanden. Dennoch dominieren die ornamentalen, pflanzlichen Jugendstilmotive, besonders bei der Innenausstattung des Salons. Der hochlehnige Sessel der Prinzessin hat große Ähnlichkeit mit dem „goldenen Stuhl“, den Olbrich für sein eigenes Haus entwarf.

Ihrer gesellschaftlichen Stellung angemessen, findet sich allenthalben das Initial Elisabeths: auf den Tapeten, den Polsterbezügen und, umrankt von

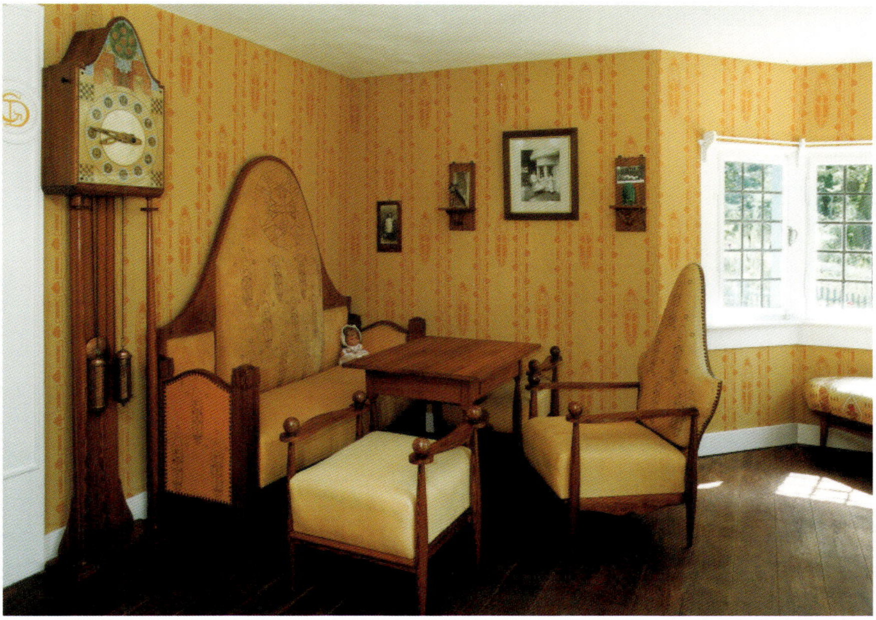

Salon mit goldgelber Papier-Tapete und hellgelben Sitzmöbeln

einer üppigen Stuckgirlande, außen am Giebel.

Prinzessin Elisabeth liebte ihr Puppenhaus. Leider war es ihr nur kurze Zeit vergönnt, darin zu spielen, denn ein Jahr, nachdem sie es geschenkt bekommen hatte, starb sie am 16. November 1903 auf einer Rußlandreise zu ihrem Onkel, Zar Nikolaus II., an Typhus.

Seit über einem Jahrhundert wird das Häuschen von der großherzoglichen Familie gepflegt. Nachdem es zunächst als Spielhaus für die Kinder der Familie und, nach dem Krieg, als Notunterkunft für Flüchtlinge gedient hatte, mußte es 1996/97 aufgrund von Verschleißerscheinungen und Fehlern bei früheren Aufarbeitungen grundlegend restauriert werden. Die Deutsche Stiftung Denkmalschutz förderte diese behutsam durchgeführten Maßnahmen. Weil es so klein und zierlich ist, verträgt das Spielhaus jedoch keine Besucher. Der idyllische Park hingegen ist in der Regel zur Zeit der Rhododendronblüte an zwei Wochenenden im Mai für die Öffentlichkeit zugänglich.

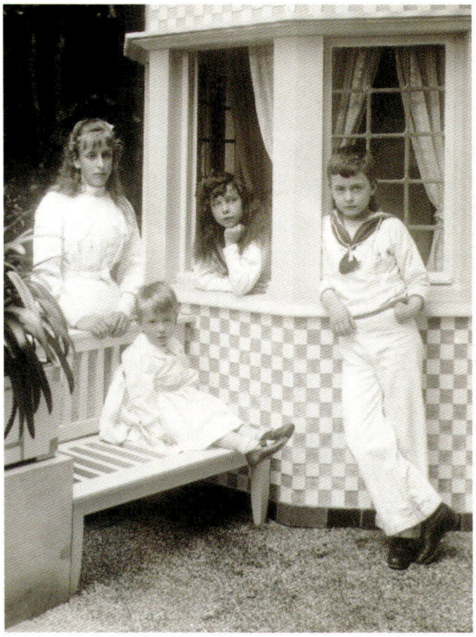

Prinzessin Elisabeth mit den Kindern des Prinzen Ludwig von Battenberg, 1903

Die graziöse Maschine

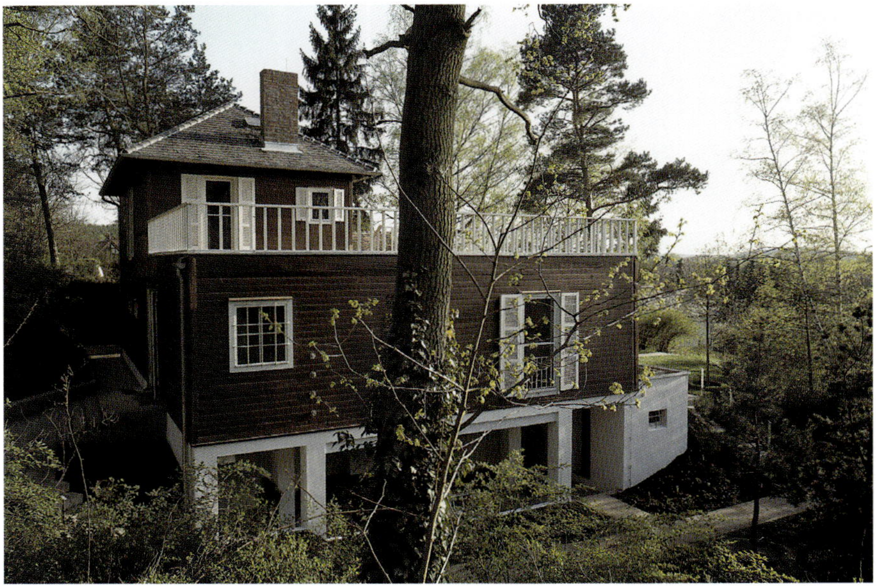

Das Caputher Landhaus von Albert Einstein und seiner Frau Elsa

Berlin, Anfang 1929: Elsa Einstein steht mit ablehnender Miene in der Türe ihrer Wohnung auf der Haberlandstraße und hört sich das seltsame Begehren des jungen Mannes an: Er wolle das neue Sommerhaus für Albert Einstein bauen. Elsa Einstein hat schon viele Bettler und dreiste Presseleute an der Türe abgewiesen, weil ihr Mann dafür zu weichherzig ist. Nun stellt sich dieser junge Mann mit den dunklen Haaren, der Brille und dem ordentlichen Anzug als Konrad Wachsmann, freier Architekt und Holzbauspezialist vor.

Ob es an dem geliehenen Wagen mit Chauffeur liegt, wie Wachsmann später vermutet, oder an dem ungewöhnlichen Vorschlag, jedenfalls wird er angehört, und tatsächlich erhält der überglückliche Architekt den Auftrag, in Caputh bei Potsdam für die Einsteins ein Holzhaus zu bauen. Albert Einstein erläutert Konrad Wachsmann, wie sein Haus beschaffen sein soll: schlicht, modern, funktional und vor allem naturnah. Nach intensiven Diskussionen werden die verschiedenen Vorstellungen umgesetzt. Einsteins bekommen ihr Ziegeldach, die bis zum Boden reichenden sogenannten französischen Fenster; Wachsmann setzt den Anbau des großen Wohnraums mit den Einbauschränken und dem modernen Terrassenflachdach durch.

Der weltberühmte Physiker hatte ein Gespür für kreativ und fortschrittlich denkende Menschen – doch wer war Konrad Wachsmann? Konrad Wachsmann gilt als der Pionier des industriellen Bauens. Seine konstruktiven Neuerungen im Bereich maschinell vorgefertigter Elemente im modernen Holz- und später im Stahlbau erwiesen sich als zukunftsweisend. Mehr als fünfzig Jahre forschte er auf dem Gebiet der Präfabrikation. 1925 entwickelte er ein Holzbausystem, dessen prominentestes Produkt Einsteins Landhaus ist. Nachdem ihm 1941 die Flucht in die USA gelang, gründeten er und der dort im Exil lebende Walter Gropius ein gemeinsames Büro und entwickelten das vielgerühmte General-Paneel-System. Es handelte sich dabei um hölzerne Bauplatten, die rundherum das gleiche Profil aufwiesen und durch standardisierte Hakenverschlüsse miteinander verbunden wurden. Außerdem enthielten die Platten sämtliche elektrischen Installationen, so daß nach dem Aufbau des flexibel zu gestaltenden Hauses nur noch der Anschluß ans Stromnetz erfolgen mußte. Dieses Fertighaus-Prinzip wurde ein Meilenstein in der Geschichte des industriellen Bauens. Wachsmanns Credo lautete: „Nicht Kunst und Technik – eine neue Einheit, sondern Wissenschaft und Technik – eine neue Kunst."

In Frankfurt an der Oder am 16. Mai 1901 als Sohn einer alteingesessenen jüdischen Apothekerfamilie geboren, lernte Konrad Wachsmann nach einer abgebrochenen Schulausbildung das Tischler- und Zimmermannshandwerk. Danach besuchte er die Kunstgewerbeschule in Berlin, wo ihn die schillernde Welt der Künstler faszinierte: „Die Kunstgewerbeschule gab mir nichts, das Romanische Café, die Theater, die Zeitungen, die Literatur aber alles." Bertolt Brecht, Else Lasker-Schüler, Walter Mehring, George Grosz, Herwarth Walden und der Sturm-Kreis, Erika und Klaus Mann, Wieland Herzfelde, John Heartfield und

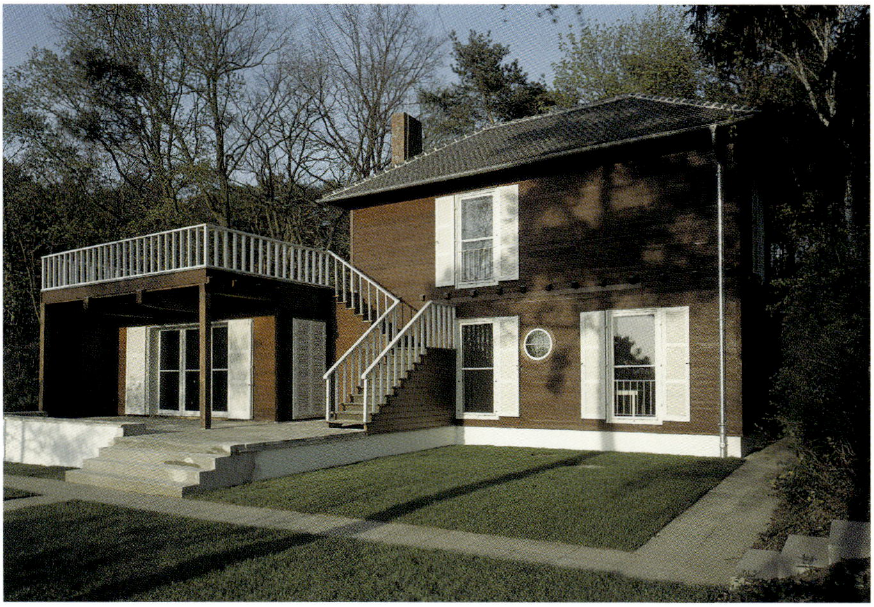

Gartenseite des vom Pionier industriellen Bauens errichteten Holzhauses

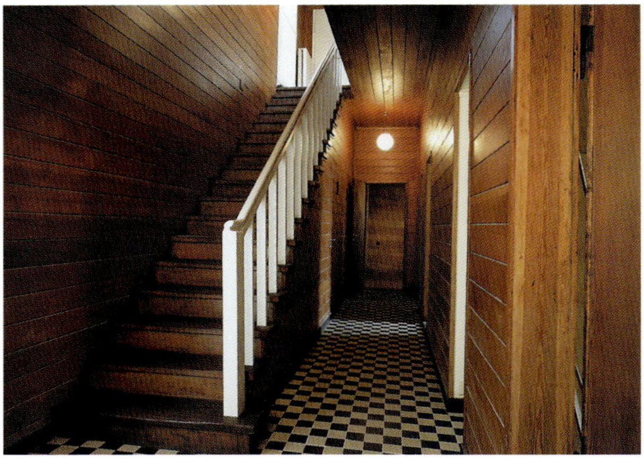

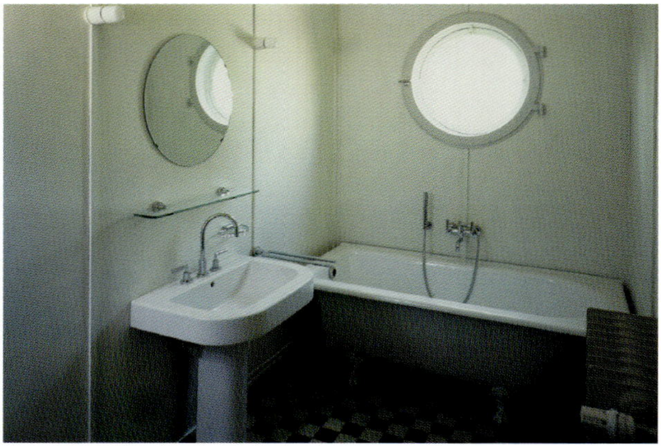

Klare Linie auch im Innern: Blick ins Treppenhaus und Badezimmer

viele mehr, sie alle vermittelten ihm neue geistige Horizonte. Die „wilden" zwanziger Jahre waren es vor allem, die sein Leben prägten.

Im Bereich Architektur förderten ihn sowohl Heinrich Tessenow als auch Hans Poelzig sehr. Wachsmann lernte viel von Tessenow, doch lange ließ sich der selbstbewußte junge Mann nicht von seinem großen Lehrer beeindrukken: „Ich wollte die Revolution, die die Politik, die Kunst, die Literatur, die Musik und die Technik beflügelt hatte, auch in der Architektur. Dazu aber konnte Heinrich Tessenow keine Hilfestellung geben."

Auch bei Hans Poelzig, der ihm ein väterlicher Freund war, langweilte er sich schnell: „Noch als Suchender habe ich mir in jener Zeit, als Gropius das Handwerk verherrlichte, drei Sätze Oskar Wildes eingeprägt: Alles Maschinelle kann schön sein, wenn es nur schmucklos ist. Versucht nicht, es zu verzieren. Wir können uns eine gute Maschine nur graziös vorstellen, denn der Linienzug der Kraft und Schönheit ist der gleiche."

Und so schickte Poelzig den rastlos Suchenden 1926 in die Provinz, nach Niesky zur Christoph & Unmack AG, der größten Holzbau- und Maschinenfabrik in Europa. Dort wurden zerlegbare, transportable Holzbauten maschinell vorgefertigt, in den Werkhallen zur Probe zusammengesetzt und verladen, bevor Nieskyer Arbeiter sie weltweit innerhalb weniger Stunden montierten.

Wachsmann arbeitete immerzu: „Aber es hat mir Freude gemacht, denn schon am ersten Tag wurde mir klar, daß sich hier eine der wichtigsten Weichenstellungen meines Lebens vollziehen würde. Wie ein Wunder sah ich in den Werkhallen der Christoph & Unmack AG Maschinen arbeiten, sich bewegen, produzieren. Die Entdeckung der Maschine, der Technologie und der Industrialisierung wurde zum entscheidenden Erlebnis."

Schnell avancierte Wachsmann zum Chefarchitekten. Er entwickelte standardisierte Paneelsysteme und erarbeitete einen neuartigen Musterhauskatalog, der nicht mehr nur ein Programm verschiedener Fertighaustypen vorstellte, sondern mit dessen Hilfe die Kunden selbst auf der Grundlage vorgefertigter Bauelemente ihre eigenen Häuser entwerfen konn-

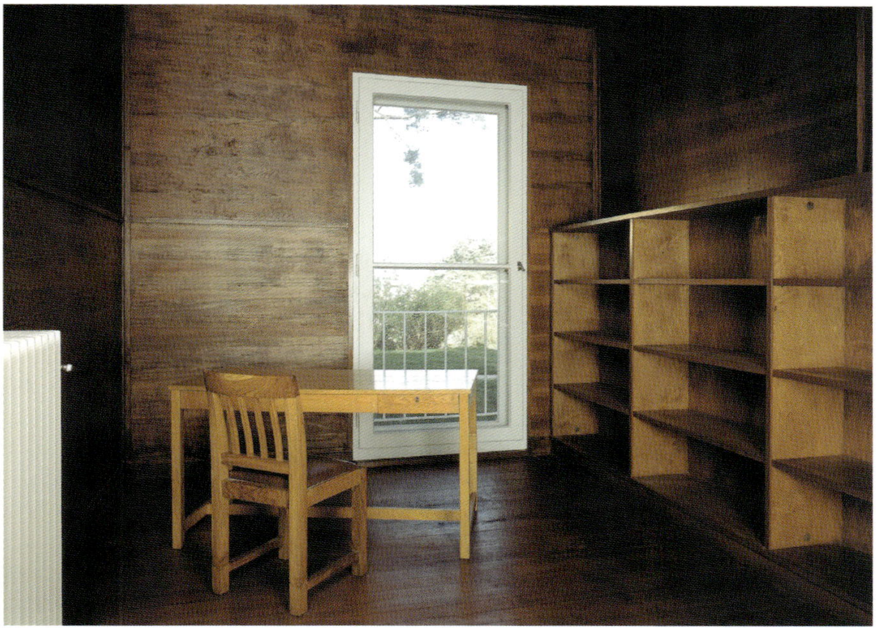

Blick in das Arbeitszimmer Albert Einsteins

ten. Vom Oberlausitzer Heimatstil bis zur Bauhausoptik bot der Katalog für jeden Geschmack etwas. Die ersten Schritte zur Massenproduktion von Bauelementen waren getan: „Bis auf ein Theater gibt es wohl keinen Bau, den ich bei Christoph & Unmack nicht entworfen habe."

Doch Wachsmann wollte weiter. So machte sich der 28jährige bereits 1929 selbständig, wobei ihm der Auftrag, das Landhaus von Albert Einstein zu bauen, den Weg erheblich ebnete. Aber die Wirtschaftskrise und die Machtergreifung der Nationalsozialisten trieben ihn Anfang der 30er Jahre aus Deutschland und 1941 aus Europa.

Nach der fruchtbaren Zusammenarbeit mit Gropius in New York trennten sich beider Wege 1949. Wachsmann lehrte zunächst am Institut für Design in Chicago, der von László Moholy-Nagy und Gropius gegründeten Nachfolgeeinrichtung des Bauhauses. Dann folgte er einem Ruf an die Universität Illinois, von wo er 1964 an die Universität von Südkalifornien in Los Angeles wechselte. Mit seinen Konstruktionssystemen aus Metall für freitragende Hallen- und Hochbauten erregte Wachsmann großes Aufsehen.

Obwohl seine Familie bis auf eine Schwester im Holocaust umkam, hing sein Herz an Deutschland. Bis zu seinem Tod am 25. November 1980 erhielt er viele Ehrungen und Auszeichnungen und kehrte immer wieder zu Gastvorlesungen in die alte Heimat zurück. Auf eigenen Wunsch wurde er in seinem Geburtsort Frankfurt an der Oder beigesetzt, und in Deutschland wird auch sein Nachlaß verwaltet.

Nach jahrelangen Instandsetzungsarbeiten wurde das Einsteinhaus im Jahre 2005 wiedereröffnet und ist seitdem von April bis Oktober an Wochenenden zu besichtigen.

Der schusternde Glöckner

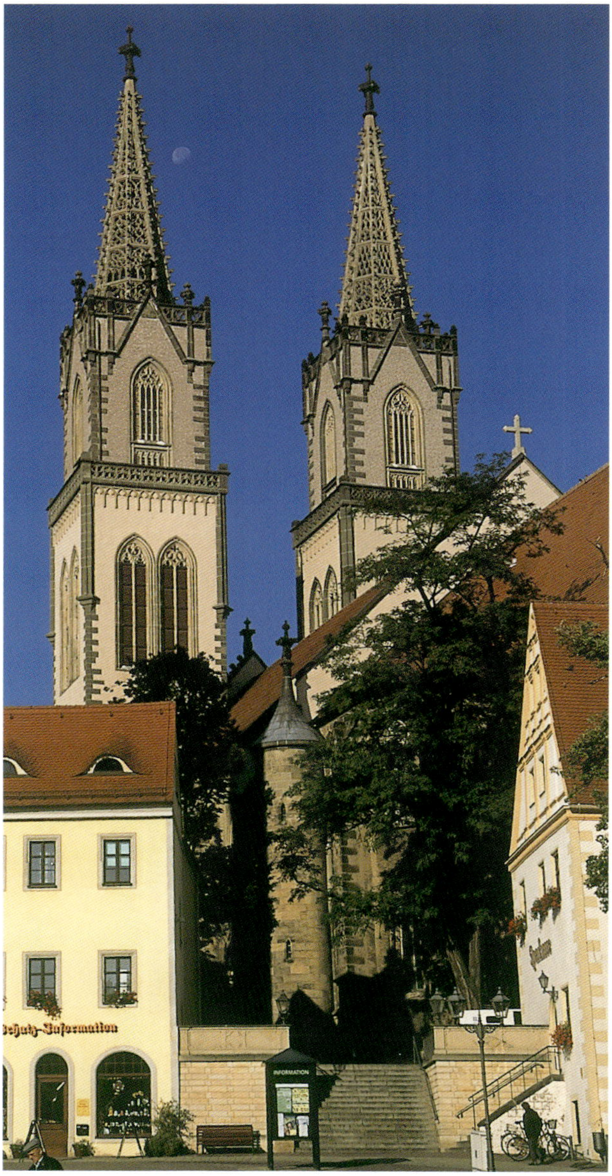

So ein Spektakel wie an jenem 1. Oktober hatten die Oschatzer schon lange nicht mehr erlebt. Gebannt starrten sie auf die Truhe, die in 60 Metern Höhe an dem Seil der Winde baumelte. Hoch oben am Turm von St. Aegidien nahm Paul Quietzsch seinen Hausrat entgegen.

Er war der neue Türmer von Oschatz und bezog mit seiner Familie gerade sein neues Domizil – die Türmerwohnung von St. Aegidien. Sie liegt im Südturm des Gotteshauses, einer nach dem letzten Stadtbrand von Oschatz im Jahr 1842 im Stil der Neogotik wiederaufgebauten Hallenkirche.

Der Besucher, der heute die 200 Stufen des Südturmes erklommen hat, betritt die dreigeschossige Türmerwohnung durch die winzige Küche, in der einst Anna Quietzsch ihre zwölf Kinder versorgte. Von der Küche geht es in die Wohnstube, die gleichzeitig auch der Arbeitsplatz des Türmers war. Die Schlafstube, in der sieben Betten standen, liegt eine Etage höher, und darüber befindet sich der Kuppelraum mit der Seilwinde, in dem die Kinder Versteck spielten.

Paul Quietzsch hatte als Türmer kein leichtes Leben. Nachts mußte er jede Viertelstunde seine Runde drehen und Brandwache halten. Entdeckte er ein Feuer, schlug er die kleine Feuerglocke und hängte eine rote Laterne in Richtung des Brandes. Aber er war auch der Glöckner von St. Aegidien und mußte die vollen Stunden schlagen.

Ab 1922 änderten sich die Aufgaben des Türmers. Eine Sirene übernahm die Feuermeldung, und geläutet wurde nur noch um 7, 12 und 19 Uhr sowie zu den Gottesdiensten. Paul Quietzsch erhielt damals 25 Mark im Monat. Um dieses schmale Gehalt aufzubessern, stellte er Pantoffeln für die Firma Ambrosius Marthaus her. In einer Ecke der Wohnstube hatte er sich eine kleine Schusterwerkstatt eingerichtet. Hier saß er auf seinem Schemel mit Blick auf die Rathausuhr, die er „meine Standuhr" nannte.

Als die Kinder größer waren, halfen sie ihrem Vater nicht nur bei den Türmeraufgaben, sondern auch bei der Herstellung und Auslieferung der Pantoffeln. „Wenn die Not uns zwang, bei Marthaus Vorschuß zu holen, war dieser Gang für meine Geschwister und mich nicht gerade angenehm", erinnert sich Sohn Karl.

Kohle und bis 1912 auch Wasser, das schon in Mengen für das Waschen der vielen Windeln benötigt wurde, mußten in die Wohnung hinaufgeschafft werden. Am Fuße des Turmes standen daher immer Eimer mit der Aufschrift: „Nimm mich mit!" Viele Oschatzer, aber auch Gäste aus Japan und China besuchten die beliebte Familie Quietzsch. Wenn sie einen Eimer mit nach oben nahmen, brauchten sie keinen Eintritt zu bezahlen.

1958 feierte das Ehepaar Quietzsch Eiserne Hochzeit, ein letzter Höhepunkt in der Geschichte der Türmerwohnung, denn zwei Jahre später starb Anna Quietzsch, 1961 ihr Mann Paul. Nachdem die letzte Quietzsch-Tochter 1968 die Wohnung verlassen hatte, hielt der Turmführer Heinz Altmann die Wohnung in Ordnung. 1987 sollten die Kirchtürme abgetragen werden, weil sie einzustürzen drohten. Dem damaligen sehr engagierten Gemeindepfarrer Berthold Zehme ist es zu verdanken, daß dies nicht geschah. Er gründete den Verein „Rettet St. Aegidien e. V." und erhielt auch Mittel der Deutschen Stiftung Denkmalschutz für die Sanierung der Kirche. Viele freiwillige Helfer sorgten außerdem dafür, daß die Türmerwohnung restauriert und mit passendem Inventar bestückt wurde. Im letzten Jahr besuchten über 10 000 Gäste die idyllischen Räume und ließen sich von Mitgliedern des Vereins „Rettet St. Aegidien e. V." Geschichten aus dem Leben der Familie Quietzsch erzählen.

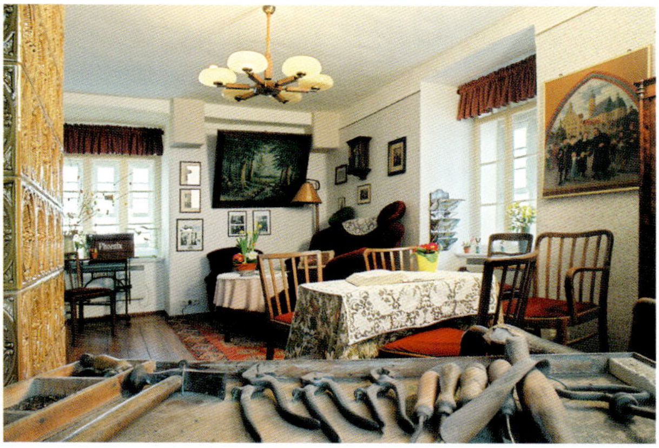

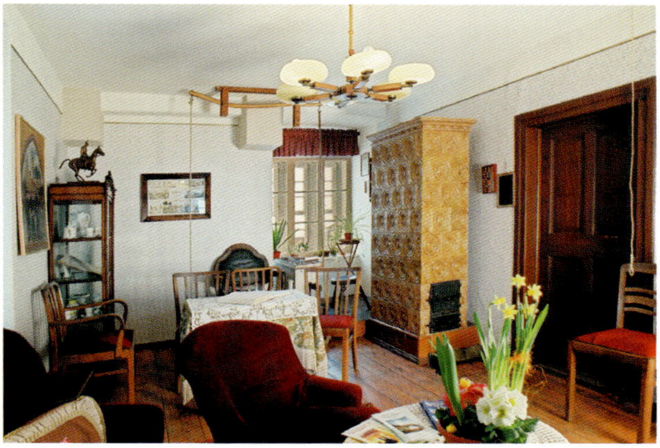

Leben auf engstem Raum: Schusterwerkstatt und Wohnraum der Türmerwohnung

Blick auf die Türme von St. Aegidien in Oschatz (linke Seite)

Die Freiheit des Christenmenschen

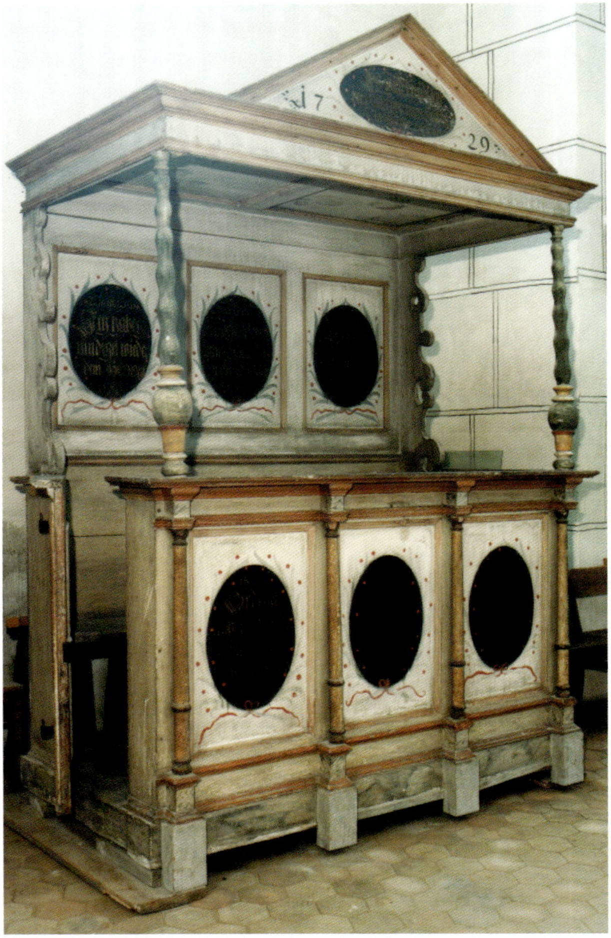

Seltenes Ausstattungsstück für eine protestantische Kirche: Beichtstuhl in St. Marien

Früher genügte ein schlichter Armstuhl. Auf diesem nahm der Geistliche Platz, um aufmerksam den Sünden seiner neben ihm knienden Schäfchen zu lauschen. Beichten konnten bis zum Ersten Mailänder Konzil 1565 auch zu Hause abgenommen werden. Offenbar lockerten sich die Sitten während der Beichte aber immer mehr, denn die Oberhirten sahen sich gezwungen, Beichtregeln festzulegen, die bei genauerer Betrachtung aus den Schäferstündchen wieder Beichtstunden machen sollten. Wer damit zur Ordnung gerufen werden sollte, sei dahingestellt.

Nun durften Beichten nur noch in der Kirche an einem gut einsehbaren Platz abgenommen werden, und zwar neben und nicht hinter dem Hauptaltar. Auch die Zeit war vorgegeben: bei Tageslicht, präziser: zwischen Sonnenaufgang und Sonnenuntergang. Das galt jedoch nur für Frauen, Männer durften weiterhin zu Hause ihre Sünden gestehen. Allein den Schwerhörigen war es erlaubt, in der Sakristei zu beichten.

Der heilige Karl Borromäus (1538 bis 1584) ging in seiner Strenge noch weiter. Offensichtlich mißtraute er seinen geistlichen Brüdern und der Damenwelt auch in der Kirche. Er setzte fest, daß Priester und Pönitent sich in einem Gehäuse einzufinden hatten, das offen und von zwei Seiten begehbar war. Auf der einen Seite saß der Seelsorger, auf der anderen kniete der Büßer. Dazwischen aber hatte eine stabile, hölzerne Trennwand zu stehen, die nur mit einem kleinen Sprechgitter versehen sein sollte. Ab 1576 galten diese Vorschriften allgemein in der katholischen Kirche. Damit war dem Beichtstuhl als eigenständigem liturgischen Möbel der Weg gebahnt und der Begriff „Ohrenbeichte“ geboren.

Die Protestanten handhabten den Akt der Beichte großzügiger. Nicht, daß sie diese abgeschafft hätten. Im Gegenteil, sie sahen es als eine Pflicht an, daß der Gläubige vor dem Abendmahl sein Gewissen erleichterte. Luther übernahm von der katholischen Kirche die Einzelbeichte. Die Reformierten lehnten sie jedoch ab und praktizieren bis heute das gemeinschaftliche Sündenbekenntnis. Erst die Pietisten verschmähten die Beichte als eine der vier „Kirchengötzen“. Sie werden deswegen mit den Verfechtern der Aufklärung gar als die „Totengräber der Beichte“ bezeichnet.

Beichtstühle sind heute in protestantischen Kirchen kaum noch zu finden. Wenn überhaupt, gönnten sich nur die Gemeinden der großen Stadtkirchen Beichtstühle. St. Marien in Bernau nordöstlich von Berlin – ein Förderprojekt der Deutschen Stiftung Denkmalschutz – kann gleich drei dieser seltenen Exemplare vorweisen. Sie sind dem Archidiakon und Pfarrer Tobias Seiler zu verdanken, der von 1720 bis 1741 sein Amt an St. Marien versah.

Er war ein gestrenger und ordentlicher Seelsorger, der die Bernauer Kirchenbücher sorgfältig führte und von seiner Gemeinde wieder den stärkeren Gebrauch des Abendmahls, der persönlichen Beichte und der Absolution forderte. 1729 ließ er drei Beichtstühle aufstellen, für jeden amtierenden Geistlichen einen.

Im Gegensatz zu den katholischen Beichtstühlen fehlt den offenen, kastenförmigen Gehäusen, die von zwei Seiten begehbar sind, aber die Trennwand mit dem Sprechgitter. Sie war erst gar nicht vorgesehen. Außerdem saßen in Bernau Seelenhirte und Sünder auf einer Sitzbank einträchtig nebeneinander. Der ehemalige Pfarrer Otto von St. Marien erklärte es so: „Dies hängt mit der Freiheit des Christenmenschen zusammen, der dem Pfarrer, dem er beichtet, ins Gesicht sehen soll oder sogar muß.“ Vielleicht liegt es aber auch daran, daß zu Hause auf die meisten protestantischen Geistlichen, da des Zölibats enthoben, eine Ehefrau wartete.

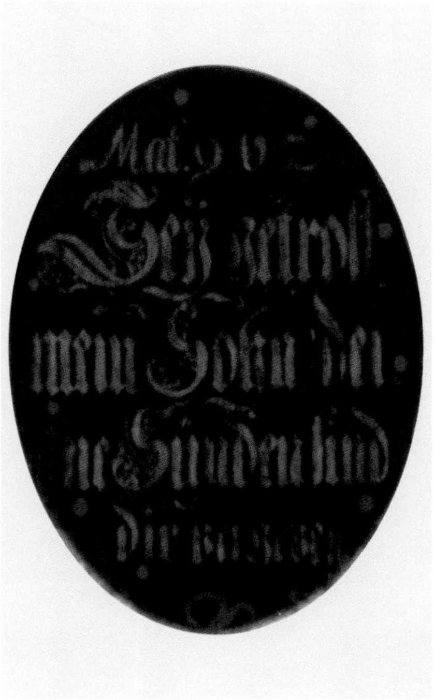

Verbindung von Botschaft und Dekoration: Medaillon mit einem Zitat aus dem Matthäus-Evangelium

Der Meister des Holzes

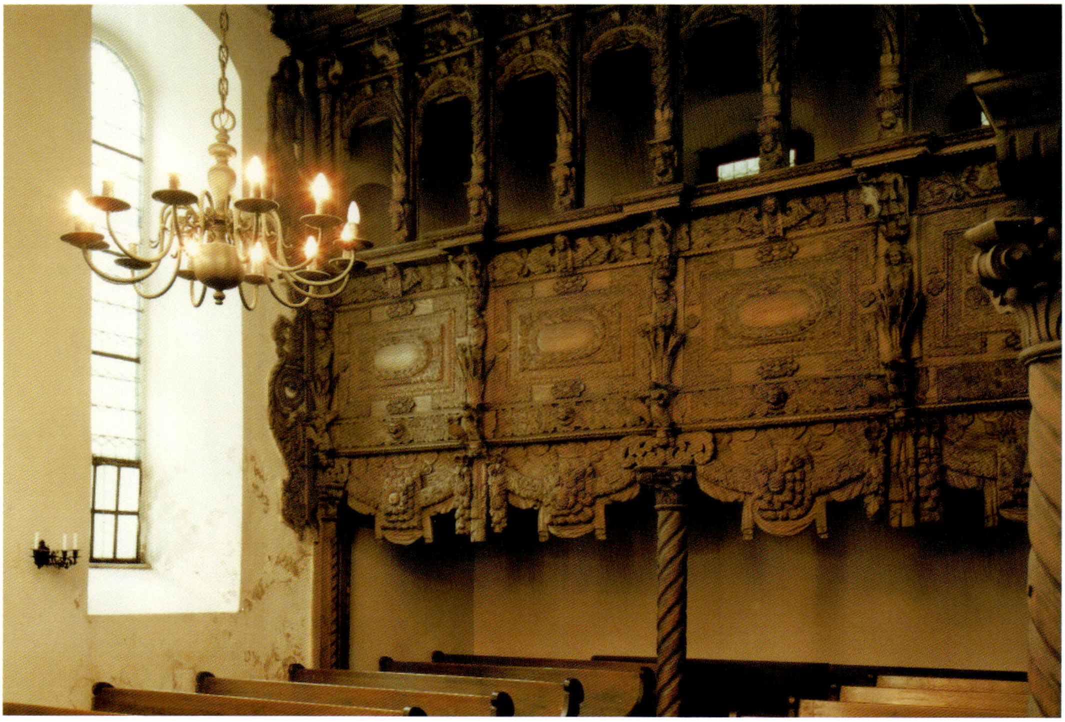

Paradiesische Fülle veranschaulichende Herrschaftsempore

Wer auf der A4 von Erfurt in Richtung Chemnitz eilt, der sollte sich kurz hinter Gera einen Abstecher nach Posterstein gönnen. Schon von der Autobahn bietet sich das winzige Dörfchen ungewöhnlich dar. Es versteckt sich hinter vielen Bäumen – nur ein weißer Rundturm mit spitzer Haube ragt über das satte Grün. Er gehört zur Burg Steyn, einem schmucken Renaissancebau, errichtet auf einem steilen Bergfried aus dem 12. Jahrhundert. Die Burg der Herren von Pflugk ist heute ein Heimatmuseum.

Zu Füßen der Burg liegt ein wenig versteckt die spätgotische Kirche – ein Förderprojekt der Deutschen Stiftung Denkmalschutz. Beim Eintritt erlebt der Besucher eine Überraschung. Der schlichte Kirchenraum ist mit einem prächtigen barocken geradezu maniristischen Schnitzwerk ausgeschmückt.

Die gesamte Ausstattung aus Lindenholz ist noch einheitlich erhalten: die mit den Aposteln und ihren Symbolen reich verzierte Kanzel, der auf vier gedrehten, korinthischen Säulen ruhende Altarbaldachin mit einer ungewöhnlichen Passionsdarstellung und die meisterhaft gearbeitete Herrschaftsempore, welche die gesamte Westwand ausfüllt. Die Loge quillt über von geschnitzten Äpfeln, Birnen, Weintrauben und Granatäpfeln,

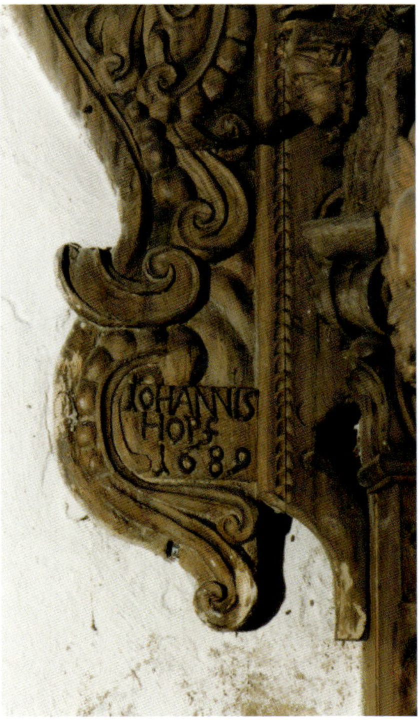

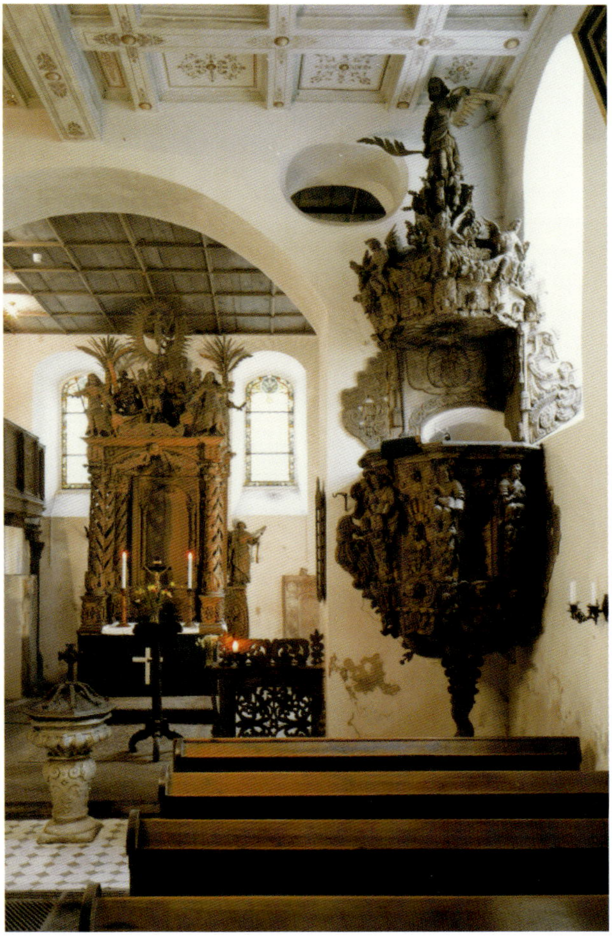

Quastenzöpfen, Blumen und Getreidegebinden, dazwischen kleine Engelsfigürchen, die musizieren.

Wer ist dieser Meister des Holzes? In eine Tafel geritzt, finden sich der Name und eine Jahreszahl: Johannis Hopf, 1689 – mehr weiß man nicht.

Die Alten in Posterstein erzählen sich schon seit langem eine Sage. Hopf soll ein einfacher Müllerbursche auf Wanderschaft gewesen sein. Im Dorf beging er ein schlimmes Verbrechen. Der Burgherr Georg Dietrich von Pflugk ließ Johannis Hopf daraufhin verhaften und in ein feuchtes Burgverlies werfen. Während seiner einsamen Gefangenschaft konnte der Müllerbursche seinen Kerkermeister bewegen, ihm auf seine bescheidene Bitte hin Holz zu besorgen. Nur mit einem Taschenmesser schnitzte Hopf nun unermüdlich die Hölzer, die ihm sein Wärter gebracht hatte. Seine Kunstfertigkeit erregte das Wohlwollen des Burgherren. Von Pflugk ließ ihn begnadigen und schmückte mit den Schnitzereien des Müllerburschen seine Kirche.

Namenszug des Meisterschnitzers; von ihm gestaltete Kanzel und Altarbaldachin

Der allzu menschliche Menschensohn

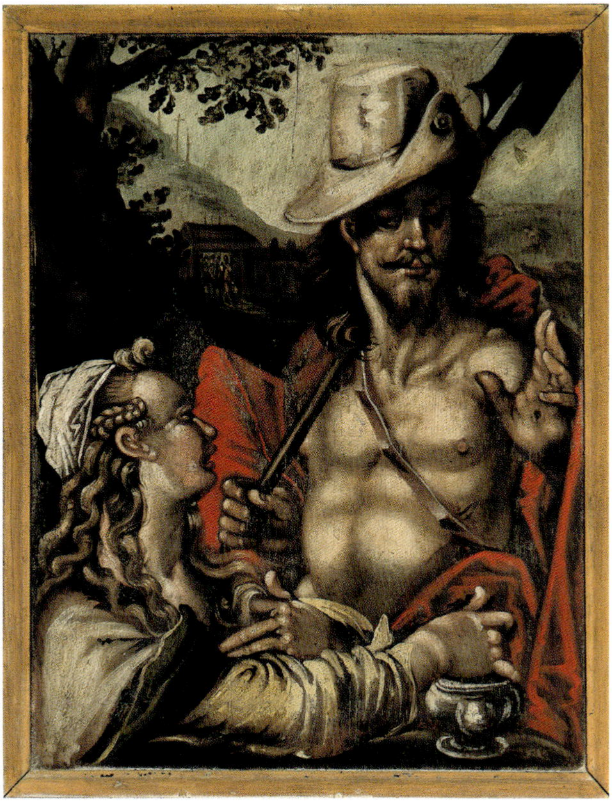

Christus als Gärtner war ein beliebtes Motiv in der Malerei des 17. Jahrhunderts.

Fesch sieht er schon aus: Den Filzhut mit der aufgeschlagenen Krempe keck aufgesetzt, stolz den gestutzten Spitzbart à la Henri IV. tragend, den Spaten locker geschultert. Der entblößte Oberkörper, den ein rotes Tuch umwallt und ein Schulterriemen lässig ziert, zeigt ein drahtiges Muskelspiel. Auch der Blick, den er der jungen Frau vor ihm zuwirft, ist nicht ohne Feuer. Sie scheint es zu mögen, denn sie blickt ihm tief in die Augen und spielt kokett mit einer Haarlocke. Er wäre schon ein rechter Don Juan – wenn nicht seine ganze Gestik pure Abwehr spräche.

Was sich uns in der Stadtkirche St. Nikolai in Richtenberg zwanzig Kilometer südwestlich von Stralsund präsentiert, ist kein barock-frivoles Sittengemälde, sondern eine zutiefst christliche Szene. Es ist die Erzählung des „Noli me tangere“ nach Johannes 20, 11-18: Christus erscheint Maria Magdalena als Gärtner. Maria Magdalena besucht das Grab des Herrn und muß feststellen, daß es leer ist. Weinend sucht sie Jesus und trifft auf einen Gärtner, der sie mit „Maria“ anspricht. Da erkennt sie ihren Herrn, der ihr aber sagt: „Berühre mich nicht; denn ich bin noch nicht zum Vater hinaufgegangen.“

Im Mittelalter wie auch in der Zeit vom 16. bis zum 18. Jahrhundert war das „Noli me tangere“-Motiv ein beliebtes Thema. Seit dem sinnenfreudigen Barock wurde Christus oftmals als Gärtner dargestellt, was zur Folge hatte, daß die überirdische Szene immer menschlicher wurde. Nur die Wundmale Christi, sein Segensgestus und die schwach erkennbaren Szenen im Bildhintergrund, die die drei Kreuze auf dem Ölberg und vermutlich die Jünger am Grabe zeigen, weisen dem Betrachter den rechten Weg. Ebenso ist Maria Magdalena nicht nur prächtig gewandet, sondern auch das Salbengefäß und ihr offen getragenes Haar bezeugen sie als seine Weggefährtin, denn die „Hure" aus reichem Haus wusch Jesus einst mit ihren Tränen die Füße, trocknete sie mit ihrem Haar und salbte sie. Gerade in der Neuzeit wurden das besondere Verhältnis zwischen Jesus und der reuigen Sünderin gerne mit einem Schuß Erotik gewürzt, welche auch in dem Richtenberger Gemälde aufflackert.

Es mag ungewöhnlich erscheinen, daß „Christus als Gärtner" auf einem Epitaph dargestellt ist. Hier soll dem Betrachter des Bildes das Geschehen am Ostermorgen anschaulich bezeugt werden. Der lebendige und auferstandene Herr verkörpert die Hoffnung der Verstorbenen auf ewiges Leben in Gottes Nähe. Dr. Wolfgang Fiedler, Küster an der Stadtkirche von Richtenberg, ist überzeugt, daß dieses nachreformatorische Gemälde beschnitten ist und erst später in das Epitaph gerahmt wurde, denn das ganze Bild wirke „beengt". Darüber hinaus paßt die ausdrucksstarke, bewegte Szene im Stil nicht zu dem recht steif gemalten Stifterbild darunter. Auch die Kleidung der Familienmitglieder mutet altmodischer an. Die schwarzen Mäntel, Schauben genannt, sowie die weißen Halskrausen, derentwegen die Haare allgemein kurz getragen wurden, gehören in die Reformationszeit. Erst mit dem Dreißigjährigen Krieg wurde die Mode lockerer und beschwingter.

Vor allem aber hat Dr. Fiedler enge Bezüge zu Werken der Antwerpener Maler und Stecher Bartholomäus Spranger (1546–1611) und Egidius Sadeler II. (1570–1629) entdeckt, die am kaiserlichen Hof zu Wien und Prag unter den Habsburger Kaisern Maximilian II. und Rudolf II. als Hofmaler und -kupferstecher gearbeitet und zu den angesehensten Künstlern ihrer Zeit gehörten. Wann das Gemälde „Christus als Gärtner" geschaffen wurde, ist ebenso unbekannt wie der Künstler, der sich vielleicht eines Vorbildes Sprangers bediente. Und wie derjenige, dem diese sinnliche Darstellung so gut gefiel. Seinen Zweck erfüllt es aber um so besser: Noch heute hält der Betrachter vor dem ungewöhnlichen Epitaph inne und gedenkt „Christoffer Dehne, gewesener Vorsteher Zu dieser kirchen, (...) in Gott den Herrn selich entschlaffen, den 27. Dezemb Anno 1630".

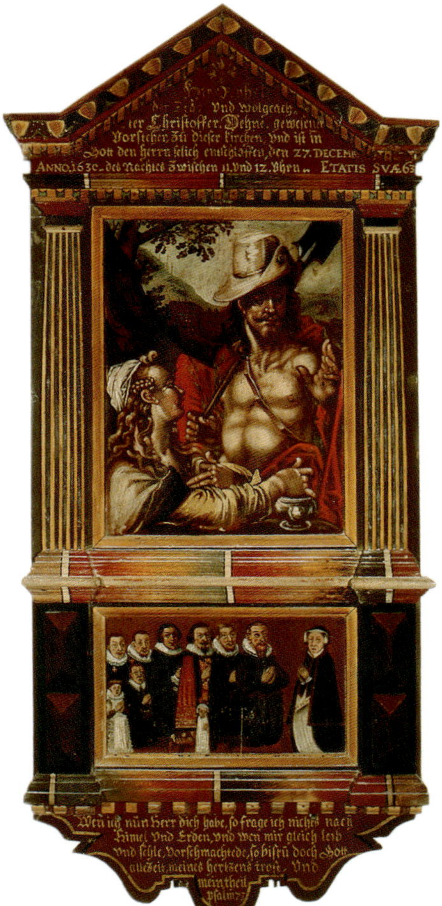

Das Epitaph von Christoffer Dehne, gestorben 1630, in der Stadtkirche im vorpommerschen Richtenberg

Auf hoher See im märkischen Sand

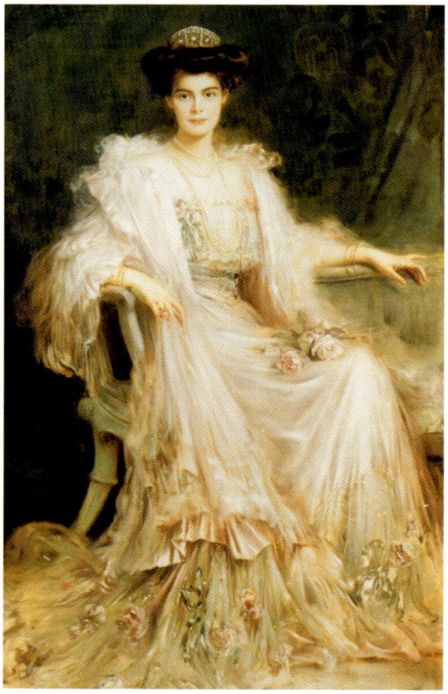

Kronprinzessin Cecilie auf einem Gemälde von Caspar Ritter, 1908

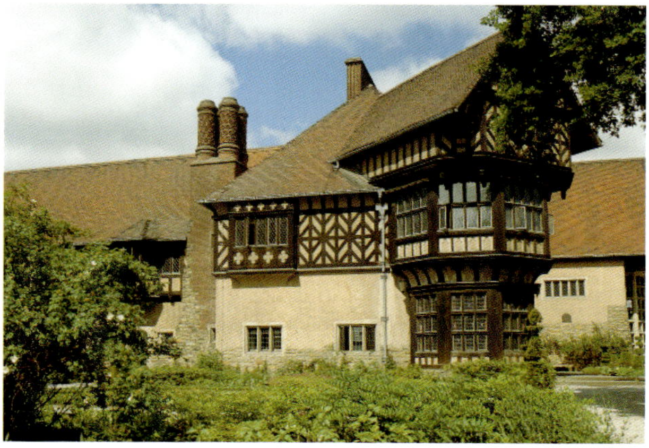

Schloß Cecilienhof von Osten

Die Morgensonne scheint durch die Schiffsfenster und taucht die weißgetäfelte Kajüte in ein mildes Licht. Kronprinzessin Cecilie hat sich am kleinen runden Tisch niedergelassen, um ihr Frühstück einzunehmen. Daß sie seekrank wird, braucht sie nicht zu befürchten: Die Kajüte befindet sich im Potsdamer Schloß Cecilienhof, standsicher, wenn auch auf märkischem Sand erbaut.

1905 hatte Cecilie von Mecklenburg-Schwerin (1886–1954) den ältesten Sohn des letzten deutschen Kaisers, Kronprinz Friedrich Wilhelm, geheiratet. Geprägt von ihrem Elternhaus, fuhr sie leidenschaftlich gern zur See. Das junge Paar bezog zunächst im Marmorpalais Quartier, das Friedrich Wilhelm II. im Potsdamer Neuen Garten hatte erbauen lassen. Später gestattete der Kaiser die Errichtung einer neuen Residenz.

Der Architekt Paul Schultze-Naumburg entwarf Schloß Cecilienhof als Landsitz im englischen Stil. 1913 wurde im Norden des Neuen Gartens, in idyllischer Lage zwischen Jungfernsee und Heiligem See, mit dem Bau begonnen. Im Jahr darauf besichtigte Cecilie die „Columbus", einen neuen Luxusdampfer des Norddeutschen Lloyd. Dessen Innenausstattung stammte von Paul Ludwig Troost, der zahlreiche Interieurs für die Linienschiffe des Unternehmens entwarf. Die Kronprinzessin war so angetan von seinem Stil, daß sie den

Architekten sofort mit der Einrichtung der Privaträume im Cecilienhof beauftragte.

Ein Kabinett sollte ihr ganz persönliches Refugium werden, die Erinnerung an die glückliche Jugend im Mecklenburgischen wachhalten. Was lag also näher, als sich von Troost eine Kajüte auszubitten. Er verlieh dem Raum durch weißes Holz und blauweiß gemusterten Stoff eine maritime Atmosphäre. Ein Mast stützt die leicht gewölbte Decke; die drei Fenster mit Kurbelmechanismus stammen wahrscheinlich aus einem echten Schiff. Bis ins kleinste Detail wurde die Imitation einer Kajüte ausgeführt.

Schon das Entree ist mit Bedacht inszeniert: Vom Obergeschoß, in dem die übrigen Privaträume liegen, gelangt man in das Zimmer über eine enge, gedrungene Treppe, die vorgibt, sich im Bauch eines Passagierdampfers zu befinden. In den Türen sollen Wasserschenkel eine bei vermeintlichem Seegang drohende Durchflutung verhindern. Bis auf den Tisch und die Stühle sind sämtliche Möbel fest installiert. Die beliebte Behauptung, ein Motor im Keller habe Schiffsgeräusche simuliert, oder es habe gar eine technische Vorrichtung gegeben, die das ganze Zimmer in authentisches Schaukeln versetzen konnte, gehört allerdings ins Reich der Legende. Die Vermutung, die Kajüte stamme aus der ausgedienten Kaiserjacht, läßt sich ebensowenig bestätigen.

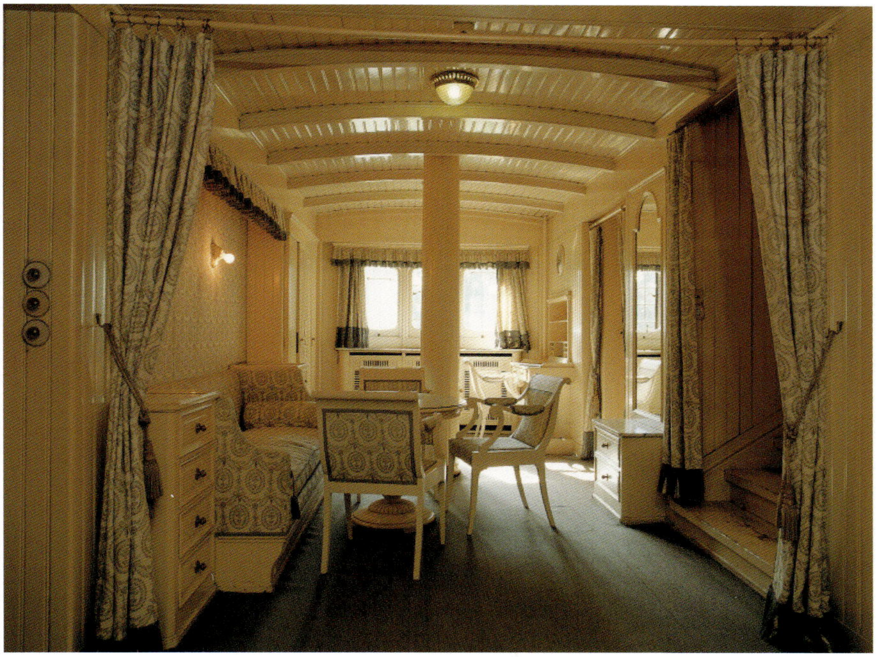

Kajütenzimmer der Kronprinzessin, bis auf den Bodenbelag original erhalten

Der Ausbruch des Ersten Weltkrieges verzögerte das Bauvorhaben. Obwohl das Schloß noch nicht vollständig fertig war, drängte Cecilie darauf, im August 1917 einziehen zu können. Sie wollte ihr sechstes und letztes Kind im neuen Domizil zur Welt bringen.

Cecilies Sekretär und die „Schiffstreppe“ zum Obergeschoß

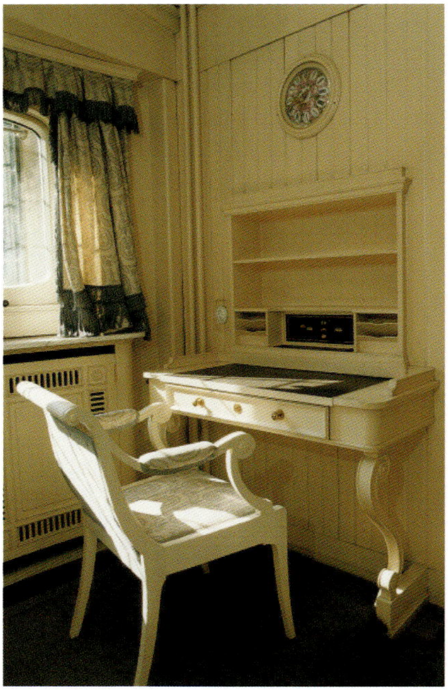

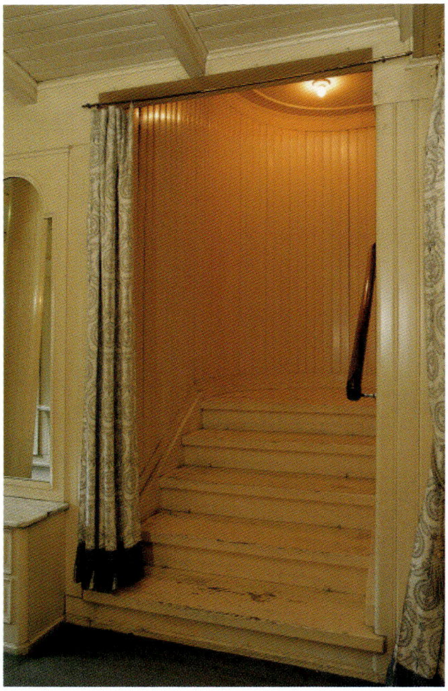

Das Kajütenzimmer erfüllte den Zweck eines Zufluchtsortes wohl nachhaltiger, als Cecilie sich dies gewünscht haben dürfte. Sie verbrachte oft viele Stunden in ihrem Kabinett. Daß die Ehe mit Friedrich Wilhelm nicht glücklich war, blieb kein Geheimnis – der Kronprinz wandelte allzu oft auf Abwegen. Gemeinsam trat das Paar nur noch bei gesellschaftlichen Anlässen auf. 1918 sorgte die Novemberrevolution ohnehin bald für andere Verhältnisse: Während Friedrich Wilhelm sofort ins holländische Exil ging, blieb Cecilie zunächst im Marmorpalais und zog dann ins schlesische Oels. Von 1923 bis zum Ende des Zweiten Weltkrieges konnte die Familie den Landsitz im Neuen Garten nochmals nutzen.

1945 wurde in Schloß Cecilienhof deutsche Nachkriegsgeschichte geschrieben. Am 2. August unterzeichneten die Siegermächte dort das *Potsdamer Abkommen*. Direkt neben dem ehemaligen Kabinett der Kronprinzessin thronte nun Stalin an einem schweren Schreibtisch. In den fünfziger Jahren wurde in den Privaträumen des Kronprinzenpaares die Gedenkstätte zur Potsdamer Konferenz eingerichtet; der übrige Teil des Gebäudes dient seit 1960 als Hotel. Der intime Rahmen des Kajütenzimmers blieb jedoch bis zur Wende dem SED-Kader für kleine politische Zusammenkünfte vorbehalten. Seit 1995 sind die Privaträume, nach umfassender Restaurierung, für die Öffentlichkeit zugänglich. Das Kabinett der Cecilie stellt auch in denkmalpflegerischer Hinsicht ein Kleinod dar: als der einzige Raum im Schloß, dessen Ausstattung original erhalten ist. Kein Wunder – schließlich waren die Möbel ja auch zu allen Zeiten fest mit der Wand verankert.

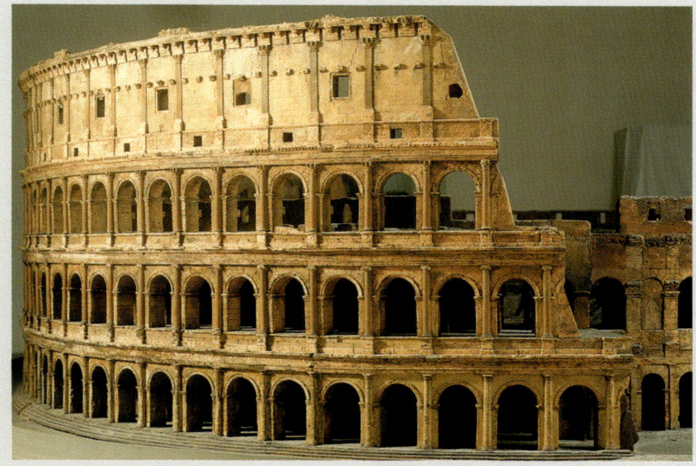

Von Blend- und Zauberwerken

Wohl jeder erliegt einmal der Versuchung, sich täuschen zu lassen. Die Monumente der Baukunst erzählen nicht nur von dieser menschlichen Schwäche, vom maskenhaften Wesen der Lüge, sondern gaukeln der Einbildungskraft mitunter auch die Würde antiker Ruinen vor, wo es sich doch nur um Korkmodelle handelt. Oder die architektonischen Denkmale verheißen gar eine magische Wirkung, zum Beispiel ein biblisches Alter erleben zu können. Manchmal bergen sie aber auch ganz unbeabsichtigt ein faszinierendes Geheimnis: Da wird ein ehemaliges Klosterportal plötzlich zu einer Art unsichtbarem Telefon! Ganz anders verhält es sich hingegen mit Postmeilensteinen, die das mißtrauische Begehren der Vernunft verraten, alles meß- und damit überprüfbar zu machen.

Welt verkehrt in St. Marien

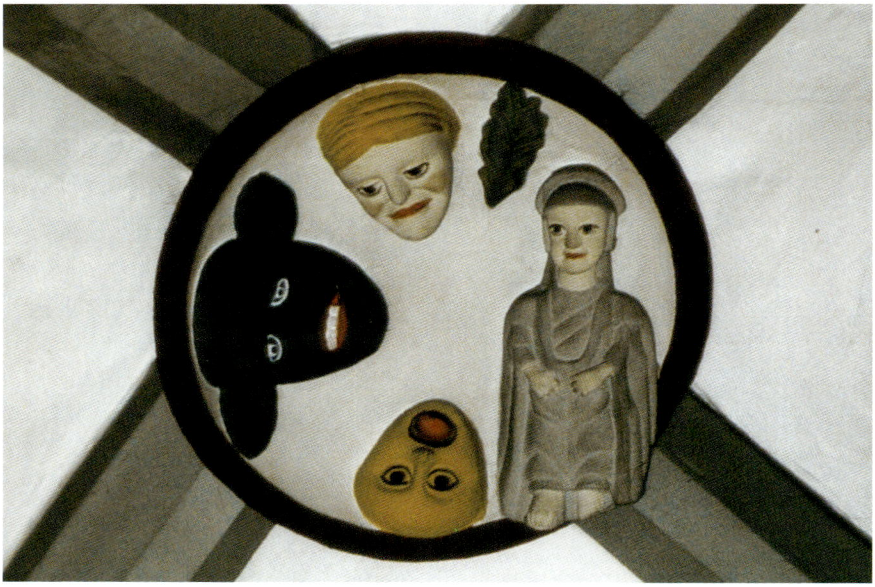

Schlußstein der Heiligenstädter Marienkirche, auf dem drei Masken eine Lügenfigur näher charakterisieren

Manchmal stiehlt ein einziger Stein tausend anderen die Schau. In der Heiligenstädter Marienkirche ist das so. Dort dreht sich alles um den „Lügenstein“. Man findet ihn in der Nähe des Eingangs, im Scheitel des gotischen Gewölbes. Wenn Propst Heinz Josef Durstewitz Besucher durch seine Kirche führt, macht er jedesmal unter dem Schlußstein halt. Und obwohl dieser hoch oben schwebt, sind die plastisch ausgearbeiteten Figuren deutlich zu erkennen.

Bei einer Besichtigung springt einem sogleich das pechschwarze, grinsende Gesicht eines eselsohrigen Teufels ins Auge. Den gruseligen Schädel könnte der New Yorker Graffitikünstler Jean Michel Basquiat (1962-1989) gestaltet haben, so plakativ und modern wirkt er. Gleich daneben erinnert eine sattgelbe Maske mit weit aufgerissenem Mund an Edvard Munchs *Schrei*. Weil aber der norwegische Expressionist (1863–1944) und das *enfant terrible* der amerikanischen Kunstwelt, Basquiat, nicht gemeinsam im thüringischen Eichsfeld gearbeitet haben können, scheint ein Blick in den Kirchenführer ratsam, ob er vielleicht den Bildhauer verrät. Dort ist zu lesen, daß der Schlußstein von einem anonymen Meister aus dem 14. Jahrhundert stammt!

Seine frischen Farben haben die Jahrhunderte natürlich nicht überdauert. Deshalb wurde die kontrastreiche

Bemalung der Kapitellbänder, Konsolen und Schlußsteine nach alten Farbspuren rekonstruiert, so daß der heutige Eindruck dem mittelalterlichen Zustand sehr nahekommt.

Aber der rot gefaßte, skulptierte Schlußstein zeigt mehr als nur die beiden abstrakten Masken. Seinen Namen verdankt er übrigens einer gedrungenen Gestalt im schlichten grauen Kleid: Da der Bildhauer sie, wie man es den Lügen nachsagt, mit kurzen Beinen ausstattete, tauften die Eichsfelder sein Werk „Lügenstein“. Als schaue sie in einen mehrteiligen Spiegel, sieht sich die Figur, wahrscheinlich eine Frau, ihren schlechten Eigenschaften gegenüber: der Geschwätzigkeit, der „Ohrenbläserei“ und der Eitelkeit, symbolisiert durch die Maske mit dem weit geöffneten Mund, den schwarzen Teufel in der Mitte und das künstlich lächelnde Gesicht. Die „Ohrenbläserei“ ist die schwerste der drei in Stein gehauenen Sünden. Früher wurden Menschen, die Unwahrheiten über andere verbreiteten und Böses tratschten, der Ohrenbläserei bezichtigt. Das Wort hat im heutigen Sprachschatz nicht überlebt, obwohl die dazugehörige Charaktereigenschaft bestimmt nicht ausgestorben ist.

Propst Durstewitz fügt dieser Deutung, wie sie unter den Kirchgängern des katholischen Eichsfeldes verbreitet ist, bei seinen Führungen eine christliche Dimension hinzu: Der Stein konfrontierte die staunend emporschauenden Gläubigen des Mittelalters mit der *conditio humana*, ihrer Bestimmung, in Schuld zu leben, seitdem Adam und Eva aus dem Paradies vertrieben wurden. Die drei Masken veranschaulichten, daß leider nicht aufrichtige Menschen, sondern listige und betrügerische die irdische Welt regierten. Für die Kunsthistorikerin Helga Möbius illustriert der „Lügenstein“ ganz konkret die verkehrte Welt, in der Esel und Narren die Macht übernommen haben.

Gerade diese fratzenhaften Darstellungen sind seit jeher ein beliebtes Motiv in der Kunst. Das Groteske und Fremde setzt heute wie im 14. Jahrhundert die Phantasie in Gang und fesselt die Blicke. So geht in der Heiligenstädter Marienkirche niemand achtlos am „Lügenstein“ vorüber.

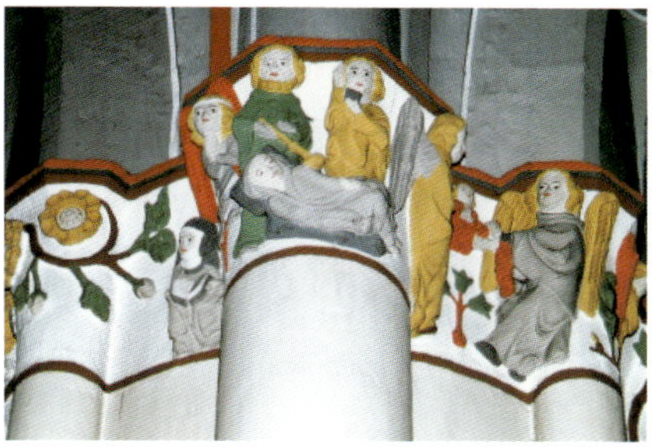

In originaler Farbigkeit rekonstruiertes Kapitellband, das den Tod Mariens erzählt

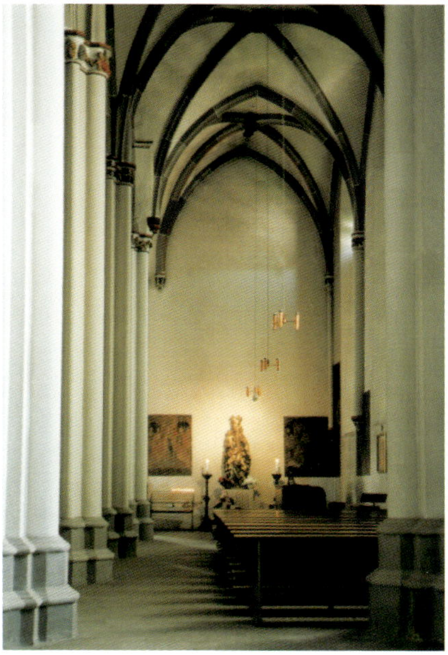

Blick in das südliche Seitenschiff der ab 1300 errichteten Pfarrkirche

Rom über die Alpen getragen

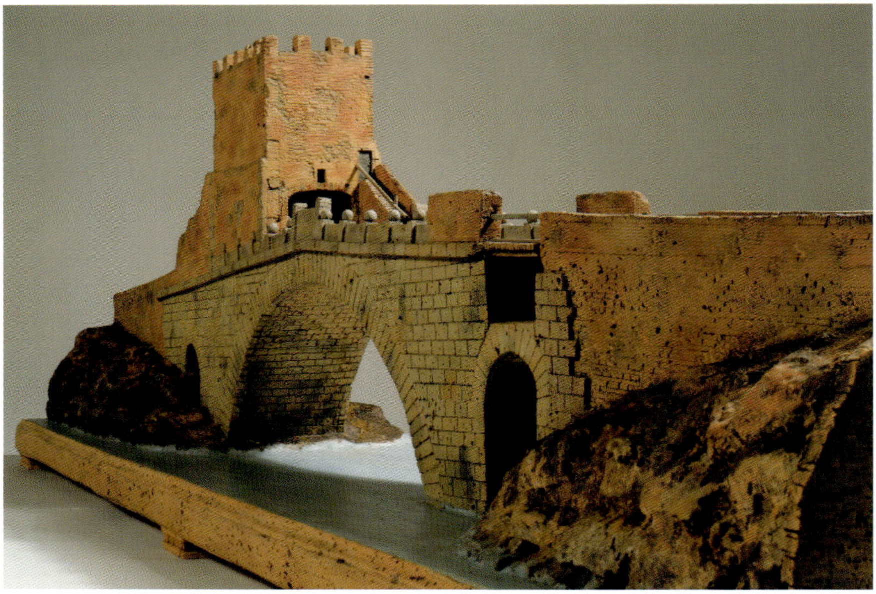

Nachgebildete Salario-Brücke von Carl May

Erlesene Süßwaren und ausgefallene Tischdekorationen waren das Metier des Konditors Carl Joseph May (1747 bis 1822). Seit 1790 verwöhnte er mit diesen Kunstwerken seinen Erfurter Dienstherrn, den Koadjutor und Statthalter des Mainzer Erzbischofs Carl Theodor von Dalberg. Der ehrgeizige Meister sah täglich dabei zu, wie der Adel seine süßen Kostbarkeiten verspeiste.

Zur selben Zeit lebte in Italien ein findiger Künstler namens Antonio Chichi (1743–1816), dessen Ruhm weit über die Landesgrenzen hinaus reichte. Er verkaufte an Italienreisende und Liebhaber der antiken Architektur ganz wundersame und kostspielige Souvenirs: Modelle antiker Bauwerke seiner Heimat Italien, minutiös aus Kork nachempfunden.

Seine Idee fand großen Anklang. So schwärmte 1779 ein Berichterstatter aus Gotha: „Der Kork giebt ihm [dem Modell] ganz das verfallene, ehrwürdige Ansehen im Ruin stehender Gebäude, mit den eingestürzten Säulen und dem von der Zeit zermalmten Gemäuer."

Als Hofkonditor May von diesen nachgebildeten Denkmalen aus Kork hörte, erkannte er, daß die Kunst des Antonio Chichi genau seinen eigenen künstlerischen Neigungen entsprach und darüber hinaus gewinnbringend sein müsse, da die Verehrung der Antike, besonders diesseits der Alpen, groß in Mode war. So reiste May nach Kassel und Leipzig, um die dorthin gelieferten Modelle des Italieners Chichi zu kopieren. Unermüdlich eignete er sich als Autodidakt die schwierige, endlose Geduld erfordernde Technik des Korkmodellbaus an und gewann einen beachtlichen Kundenkreis aus fürstlichen Häusern. May wurde berühmt, jedoch nicht reich, denn sein Hobby war zu aufwendig. Kork kostete viel, und der Bau der Modelle gestaltete sich äußerst zeitraubend. May war zudem ein Pedant, der „lieber das ganze zerstört, ehe er in einem Theil eine, wenn gleich nicht immer sichtbare Unvollkommenheit läßt“, wie im Jahre 1800 der Geschichtsprofessor Jakob Dominikus aus Erfurt feststellte.

Sein kunstsinniger Dienstherr Carl Theodor von Dalberg gewährte May genügend Zeit, um seiner Leidenschaft nachzugehen, denn der Hofkonditor hatte die kluge Idee, statt der vergänglichen Dekorationen aus Zuckerguß, Butter, Fett oder Farbensand als festlichen Tischschmuck seine Korkmodelle aufzustellen.

Er war fest überzeugt, daß ein Korkmodell, „den Gästen notorisch mehr Unterhaltung und anschauende Kenntnisse gewährte, und diese zu weitergehenden Unterhaltungen über die ältesten Denkmähler und andere Gegenstände der Kunst und Kunstwerke ermuntere und lebhafter beschäftigte, als jene vermoderten Spielereyen denkende Männer zu unterhalten vermogten“. Von den fürstlichen Tafeln gelangten die faszinierend naturgetreuen Korkmodelle schnell in die Kunstkabinette.

Kork war um 1800 ein häufig verwendetes Material: man fertigte Schwimmkörper, Flaschenstöpsel, Isolierungen oder Schuhsohlen daraus. Alle acht bis zehn Jahre wurde die Korkrinde von den im südlichen Europa wachsenden Korkeichen abgeschält. Für den Modellbau mußten die gebogenen Korktafeln erst 24 Stunden lang in Holzpressen geglättet werden, bevor sie mit einer Vielzahl feinster Werkzeuge, von scharfen Messern über kleine Lochsägen bis zu Raspeln und Uhrfedern, bearbeitet werden konnten.

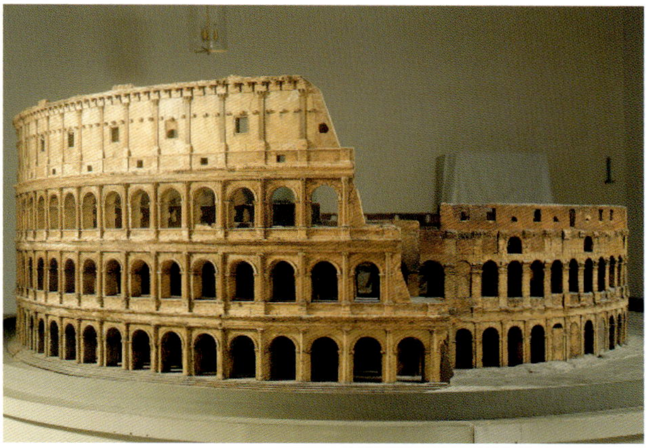

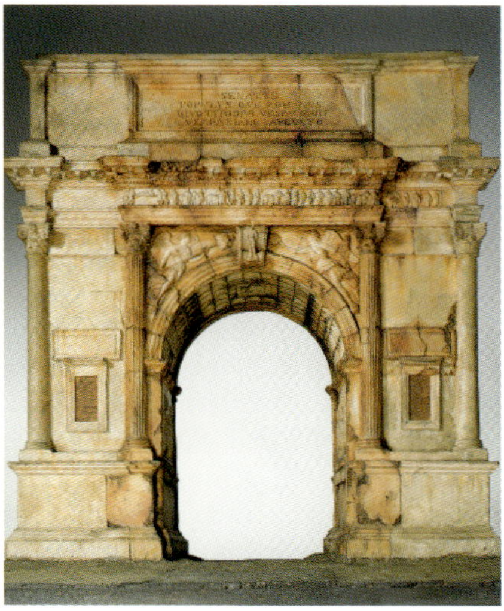

Modelle des Kolosseums und des Titusbogens von Georg May

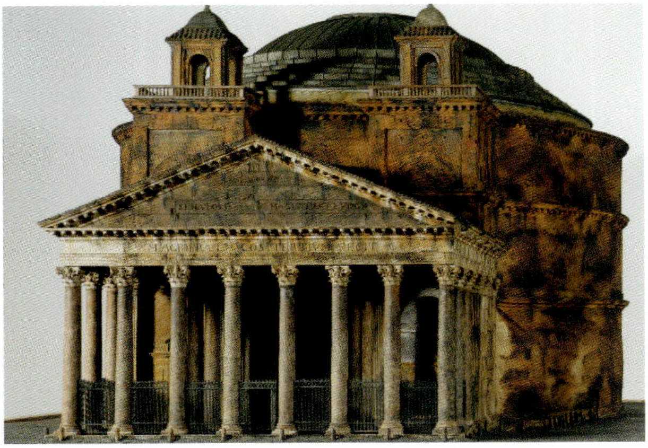

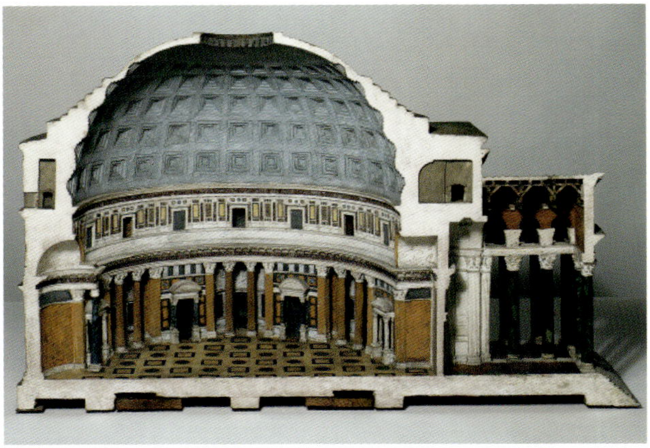

Zwei Modelle des Pantheons: Das große obere Modell stammt von Georg May, die Innenansicht des teilbaren kleineren Modells von Carl May.

Doch gerade der elastische, poröse Kork war ideal, um die vom Zeitenlauf verwitterten Steine der Bauwerke so naturgetreu wiederzugeben. Kork ist extrem haltbar, unempfindlich gegen Hitze und Kälte, und er wird nicht von Ungeziefer befallen – nur unbedacht anfassen darf man ihn nicht. Ein Gemisch aus Moos und Sand sowie eine raffinierte Bemalung verleihen den Korkmodellen das Aussehen uralter Ruinen. Eine perfekte Illusion, die genau den romantischen Nerv des 19. Jahrhunderts traf.

Die politischen Ereignisse der napoleonischen Ära hatten 1803 Dalbergs Hofstaat nach Aschaffenburg ziehen lassen. Als die Stadt später dem Königreich Bayern zugeschlagen wurde, residierte König Ludwig I. gerne und oft im Schloß Johannisburg. Unter ihm knüpfte Mays zweitältester Sohn Georg May (1790–1853), von Beruf Bauingenieur, an die Karriere seines Vaters als Korkbildner an. Ludwig I., bekanntermaßen ein begeisterter Antikensammler, bedauerte es sehr, nicht auch die römische Architektur im Original sammeln zu können. Daher beauftragte er 1827 Georg May mit einer Modellserie und ließ ihn ein halbes Jahr nach Rom reisen, um vor Ort die antiken Bauten zu studieren. Georg Mays Modelle übertrafen an Größe und Akribie die seines Vaters und dienten Ludwig I. als äußerst beeindruckende Studienobjekte in seinem „Kabinett von Roms erhabenen Trümmern“.

Heute befindet sich in Schloß Johannisburg mit 54 Objekten die weltweit umfangreichste Sammlung von Korkmodellen. Die Basis bildet die Sammlung des „Phelloplastischen Kabinetts“ Carl Theodor von Dalbergs. Dazu gesellen sich die erhaltenen Modelle aus dem Besitz Ludwigs I., die 1964 von München nach Aschaffenburg gelangten. Ab 1992 wurden die Korkmodelle und die Ausstellungsräume umfassend restauriert. Seit 1996 bzw. 2003 ist jetzt in drei großen Sälen eine von der Bayerischen Schlösserverwaltung neugestaltete Dauerausstellung zu sehen, die 45 Korkmodelle antiker römischer Baudenkmäler zeigt. Es lohnt sich, einen Spaziergang durch das antike Rom zu machen und sich – wie einstmals die gekrönten Häupter – an dem kunstvollen Augenschmaus zu erfreuen.

Alles Pappe

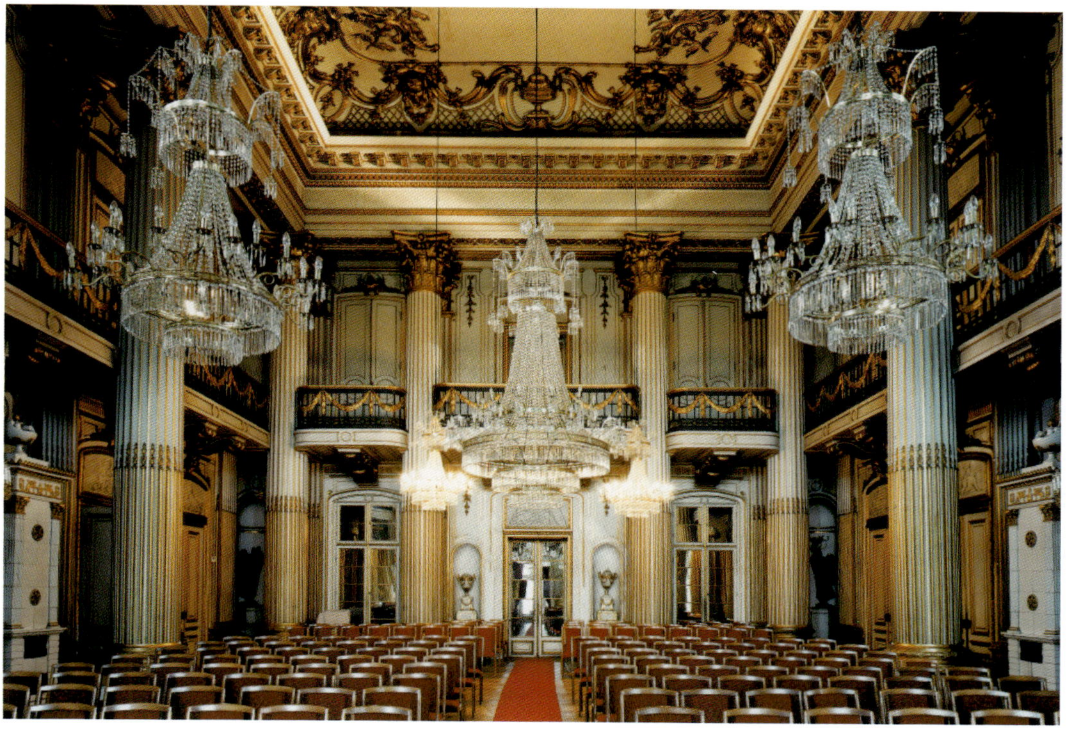

Wie kein anderes hat Schloß Ludwigslust in Mecklenburg-Vorpommern die Kunst des schönen Scheins bewahrt. Bei einem Rundgang – das Schloß dient seit 1986 als Museum für höfische Kunst und Wohnkultur des 18. und 19. Jahrhunderts – ist nicht zu unterscheiden, was von der Ausstattung aus „Ludwigsluster Carton" besteht und was nicht. Eine etwa zwanzig Zentimeter hohe bronzene Männerbüste aus dem 18. Jahrhundert wiegt so leicht wie eine Schachtel aus Styropor. Die vermeintliche Bronze ist nur aufgemalt, die Büste aus Papiermaché gefertigt – eine perfekte Täuschung.

Es muß Mitte des 18. Jahrhunderts gewesen sein, da wurde der Lakai Johann Georg Bachmann bei Herzog Friedrich von Mecklenburg-Schwerin (1717–1785) vorstellig und erklärte ihm, daß er das Geheimnis eines neuen Werkstoffes kenne, des Papiermachés. Der Zeitpunkt war von Bachmann günstig gewählt, denn in dieser aufgeklärten Zeit waren die Menschen vom Forschergeist beseelt: Auf der Suche nach Gold hatte Böttger in Meißen

Der „Goldene Saal", strahlender Mittelpunkt im Schloß Ludwigslust und ein Meisterwerk des Papiermachés

Zierleisten, Kapitelle, Girlanden, Masken, Rosetten, Festons und Wandleuchter aus „Ludwigsluster Carton"

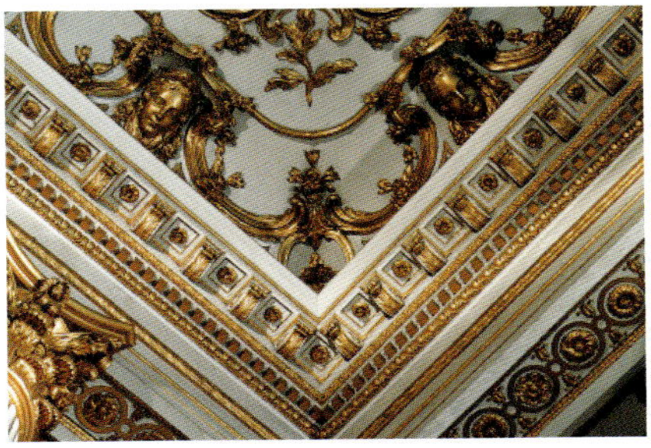

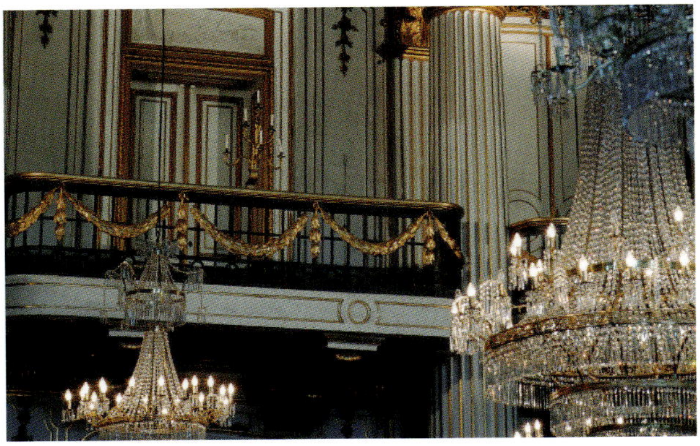

das Porzellan entdeckt, bildete der Hofkonditor May in Aschaffenburg Bauwerke der Antike aus Kork nach, oder kopierte der Hofbildhauer Klauer in Weimar Antikenstatuen in Gips. Also erlaubte Herzog Friedrich, der neben aller pietistischen Frömmigkeit nicht nur kunstsinnig war, sondern auch einen ausgeprägten Sinn für Naturwissenschaften und praktische Sparsamkeit besaß, dem Lakaien, sein Wissen zu erproben.

Bachmanns Idee indes war nicht neu. Seit im Jahr 105 n. Chr. der chinesische Hofbeamte Ts'ai Lun das Papier erfunden hatte, wußte man es auf vielfältige Weise herzustellen und zu bearbeiten. Seit dem 15. Jahrhundert war Papiermaché in Europa bekannt. Im 16. Jahrhundert wurden serienweise Andachtsbildchen und Fastnachtsrequisiten gefertigt. Einen Höhepunkt erfuhr das Papiermaché im 18. Jahrhundert als Werkstoff mit Lackmalerei. Friedrich der Große liebte Schnupftabak und die französischen Tabakdosen aus Papiermaché so sehr, daß er 1767 in Berlin eine eigene Manufaktur für Galanteriewaren, wie es sie in Braunschweig und Petersberg gab, gründete.

Zur Verarbeitung von Papiermaché, das übersetzt „zerkautes Papier, Papierbrei" bedeutet, sind drei verschiedene Verfahren bekannt. Zum einen die Gießtechnik, bei der ein zäher Papierbrei in Formen aus saugfähigem Material wie Ton gegossen wird. Diese nehmen die Feuchtigkeit auf, und das Papiermaché wird fest. Es ist jedoch nicht so stabil, da die Papierfasern zerstört sind. Eine andere Methode stellt die Bossiertechnik dar. Um einen festen Kern oder aus der freien Hand wird das Papiermaché geformt.

Das dritte Herstellungsprinzip nennt man Schichttechnik, auch als Papierkasché bezeichnet. Modelle werden überformt, also kaschiert, indem man schichtweise Papierstücke mit einer leimartigen Substanz aufklebt. Die erste Lage besteht nur aus feuchtem Papier, da das Modell später abgelöst werden muß. Es ist eine zeitaufwendige Arbeit, denn jedes weitere Stadium muß erst trocknen. Sind die Papierschichten stark genug, beginnt die Feinarbeit. Das Papiermaché-Objekt wird so lange geschliffen und poliert, je nach gewünschtem Effekt farbig gefaßt und gelackt, bis es dem Original, zum Beispiel einer Marmorbüste, einem goldenen Stuckrelief oder einer Porzellanvase zum Verwechseln ähnlich sieht.

Bachmann hatte tatsächlich ein erstaunliches Geheimnis: Seine Papiermaché-Kunstwerke waren sogar witterungsfest. Im Park gab es den für die barocke Gartenkunst typischen Kaisersaal, wo sich unter dichten Baumkronen rechts und links der Allee Büsten antiker Herrscher aneinanderreihten. Bis heute ist der von Bachmann verwendete geheime Zusatz unbekannt, denn er hütete, wie übrigens alle, die sich mit Papiermaché befaßten, sein Geheimnis eifersüchtig. Außer Rechnungen wurde nichts schriftlich festgehalten. Für jeden einzelnen Arbeitsschritt war ein anderer Bildhauer eingestellt, Spionage zog scharfe Strafen nach sich. Bachmanns System funktioniert bis heute: Selbst die Restauratoren wissen nicht mehr, als daß die Objekte nicht nur gelackt, sondern mit Harz und Öl durchtränkt sind, damit sie witterungsbeständiger sind.

Die Ludwigsluster Manufaktur, deren erste und größte Kunden Herzog Friedrich und sein Nachfolger Friedrich Franz I. waren, sollte bis zum Beginn des 19. Jahrhunderts so gut florieren, daß 1773 die Weisung erfolgte, unbrauchbares Papier, nachweislich alte Akten aus den herzoglichen Schreib- und Steuerstuben, zur Verwertung an die Manufaktur zu liefern. Da in der „Ludwigsluster Carton-Fabrique" nur die Schichttechnik angewandt wurde, kann man noch heute auf den unbehandelten Rückseiten und im Inneren der Papiermaché-Exponate handschriftliche Notizen und Zahlenkolonnen entdecken.

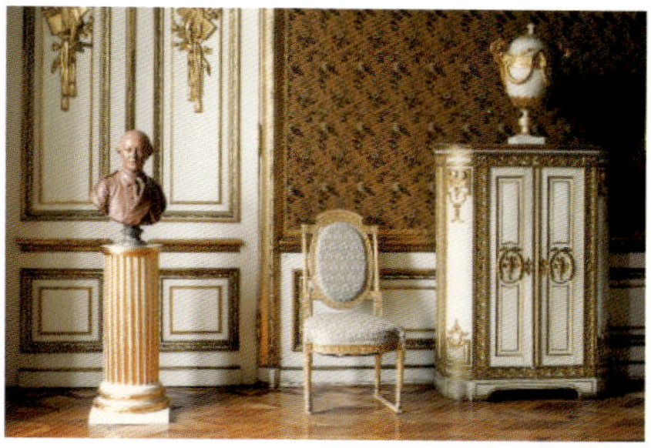

Schrank und Säule aus Papiermaché, Büste aus Marmor

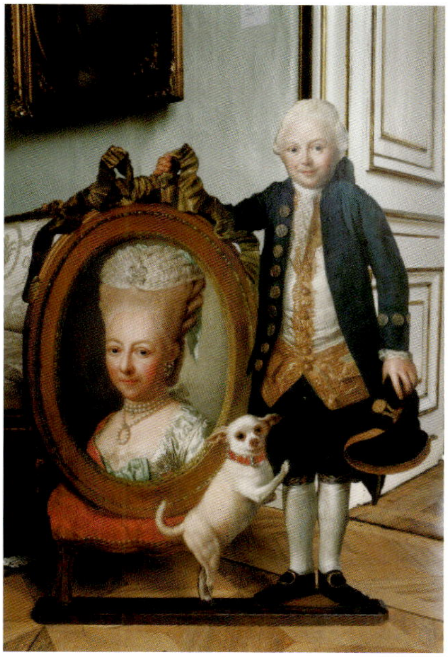

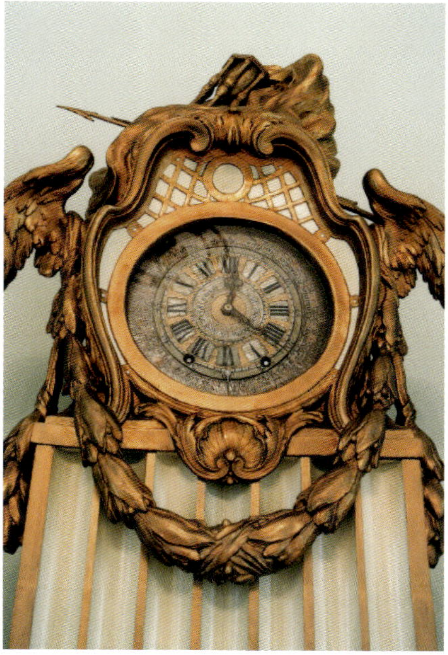

Hölzerne Kaminfigur mit dem Bildnis von Herzogin Luise Friederike, der Ehefrau Herzog Friedrichs des Frommen; Standuhr von 1775 mit Zifferblatt und Aufsatz aus Papiermaché

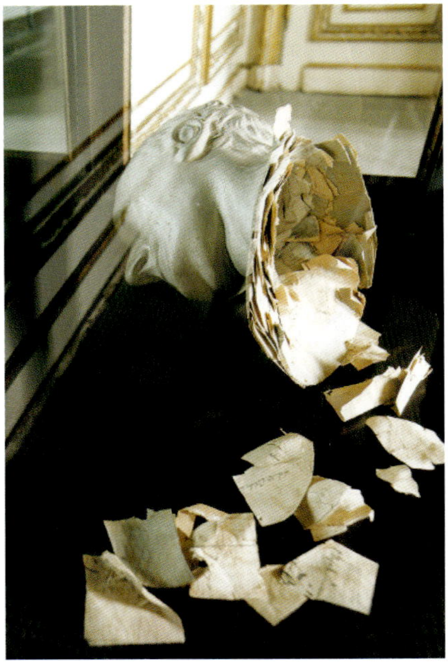

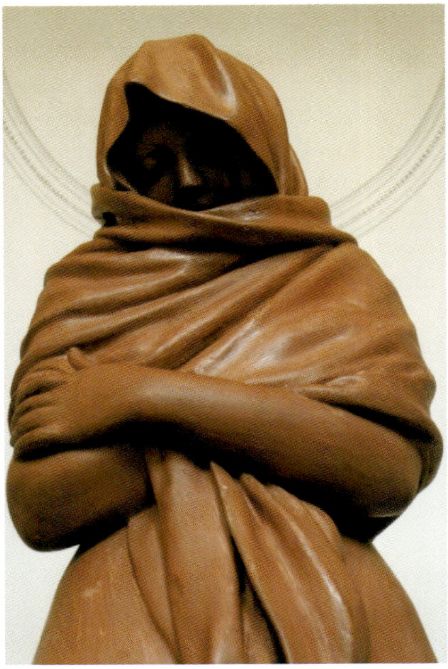

Büste, die anschaulich die Schichttechnik des Papiermaché zeigt; Nachbildung zeitgenössischer Kunst, wie „La Frileuse" von Antoine Houdon, 1783

Bachmanns Papiermaché-Verfahren erlaubte es, Dekorationen und Ornamente für Räume und Möbel in Form von Zierleisten, Rosetten, Reliefs, Paneelen, Bilderrahmen, Kerzenständern und vieles mehr zu entwerfen. Die „vorzüglichen Pappwaren" erfreuten sich bald so großer Beliebtheit, daß die Produktion erweitert und über Kommissionsverkäufe und Angebote wie im *Journal des Luxus und der Moden* Prunkvasen, Tafelaufsätze, Statuen, Uhrengehäuse, Möbel oder Konsolen vertrieben wurden. Nicht nur antike Kunstwerke dienten als Vorlage, sondern auch die Arbeiten zeitgenössischer Künstler. Wie die Frage des Copyright gelöst wurde, ist bislang noch unerforscht.

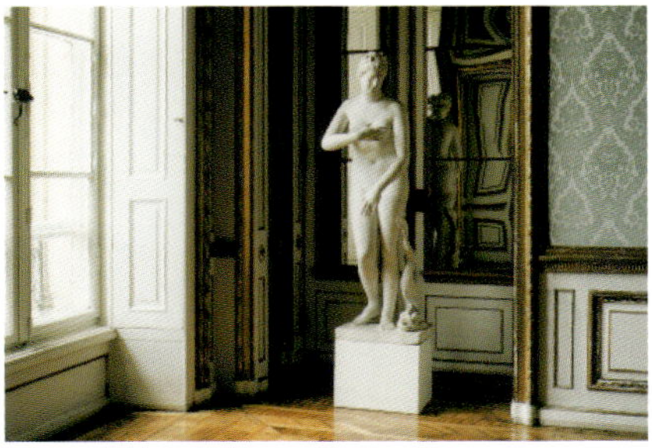

Papiermaché-Kopie der „Venus von Medici"

Daß Ludwigslust zu einem Zentrum der Papiermaché-Herstellung avancierte, lag an mehreren Faktoren: Herzog Friedrich wollte sich unbedingt eine Residenz errichten lassen, wie sie schon seine berühmten Vorbilder in Versailles und in Sanssouci, ja sogar die Herzöge von Strelitz besaßen. Obwohl die Epoche des prunkvollen Schloßbaues schon dem Ende zuging, erkor Herzog Friedrich 1763 für sein ehrgeiziges Unternehmen das alte Jagdschloß seines Vaters Herzog Christian Ludwig II.

Von 1772 bis 1776 wurde das zweiflüglige stattliche Schloß nach Plänen des Hofbaumeisters Johann Joachim Busch im Stil des spätbarocken Klassizismus erbaut. Besonderen Wert legten Friedrich und später Herzog Friedrich Franz auf den Schloßpark. Busch kreierte einen grandiosen Lustgarten mit Wasserspielen, Pavillons, Mausoleen und Skulpturen, der von 1785 an nach englischem Vorbild und ab 1852 von dem berühmten Gartenarchitekten Peter Joseph Lenné in eine malerische Parklandschaft umgestaltet wurde.

Um das Schloß entstand eine nach barocker Manier auf dem Reißbrett entworfene regelmäßige Stadtanlage mit Blickachse auf die Schloßkirche, deren monumentales Wandgemälde im Chor ebenfalls aus unzähligen Papiermaché-Bögen besteht. Viel Zeit und Geld hätte das Traumschloß verschlungen, daher waren den Herzögen von Mecklenburg, die sich von jeher in finanziellen Nöten befanden, neue Materialien wie das kostengünstige Papiermaché sehr willkommen.

Um 1780 war der Bedarf an baugebundenen Dekorationen weitgehend gedeckt. Man setzte verstärkt auf die Produktion von Büsten und Statuen. Dennoch war dieser die Sinne täuschenden Kunstform nur eine kurze Blütezeit gewährt. Als Großherzog Paul Friedrich 1837 die Residenz wieder nach Schwerin zurückverlegte, war die Arbeit der Papiermaché-Manufaktur, deren Niedergang um 1808 schleichend begonnen hatte, bereits seit zwei Jahren eingestellt. Die Nachfrage war rapide gesunken, weil sich Geschmack und Wohnkultur verändert hatten und die Kundschaft wieder die „echten kostbaren“ Materialien bevorzugte.

Erst gegen Ende des 19. Jahrhunderts, während der Gründerzeit, wurde Papiermaché wiederentdeckt. Von anatomischen Modellen über Toilettenartikel bis zu Spielzeug – vor allem Puppen – wurde, was man sich an Kunsthandwerk und Gebrauchsgegenständen nur vorstellen kann, industriell billig *en masse* hergestellt. Vielleicht läßt sich damit die zu Unrecht abwertende Bezeichnung „Pappmaché“ erklären.

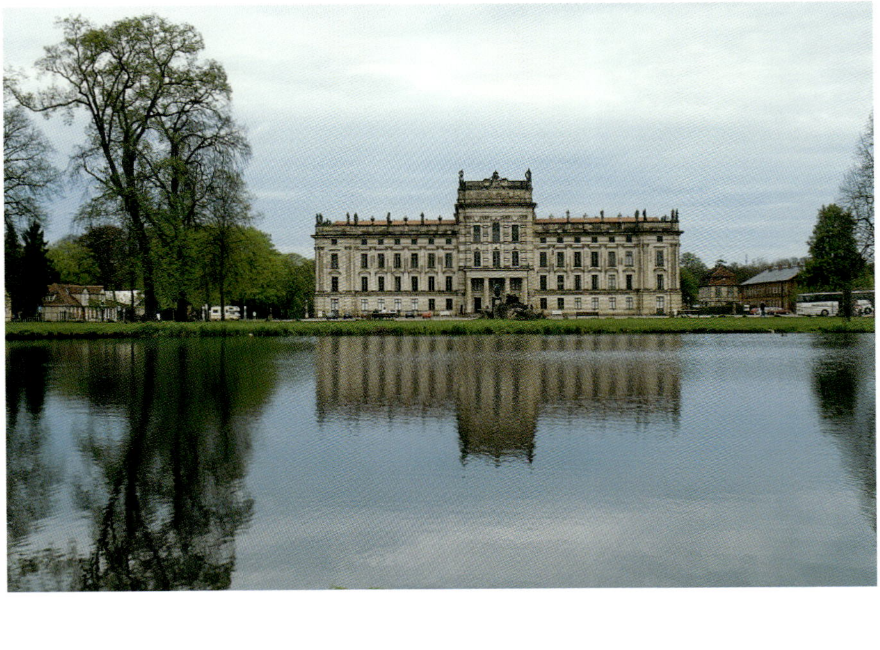

Das in eine idyllische Parklandschaft eingebettete Schloß Ludwigslust

Eine der schönsten optischen Täuschungen

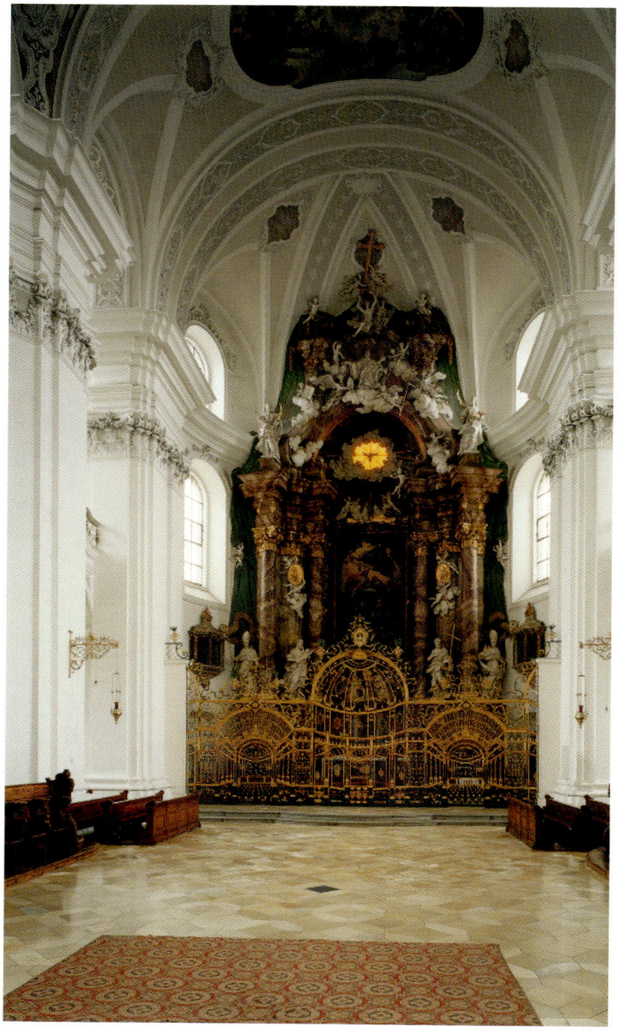

Blick in den Chorraum der Abteikirche Weingarten

Wer die Abteikirche des Benediktinerklosters Weingarten in Baden-Württemberg betritt, ist überwältigt von der Wirkung des erhabenen Raumes. Mit 102 Metern Länge zählt sie zu den größten und bedeutendsten deutschen Kirchen des Barock. Von den rund 200 Handwerkern, die von 1715 bis 1724 am Bau der Wallfahrtskirche mitarbeiteten, ist allen voran der Künstler Cosmas Damian Asam (1686–1739) zu nennen, der die kühn komponierten Deckengemälde schuf.

Hat sich der Besucher nach dem Betreten der Kirche auf die monumentale Kraft des Raumes eingestimmt, sollte er bis zum Chor weitergehen. Denn dort erwartet ihn ein weiteres Meisterwerk des Barock: ein reichverziertes, golden gefaßtes, schmiedeeisernes Chorgitter. Der Benediktinermönch Hermann Mauz schuf den Entwurf zu diesem Gitter, wobei er in barocker Pracht mit der Perspektive spielt und der Phantasie eine weitere Kirche vorgaukelt.

Dem Betrachter öffnet sich ein Zentralbau, bekrönt von einer Kuppel. Die zwei tonnengewölbten Seitenschiffe lenken den Blick scheinbar endlos in die Tiefe des Raumes. Die perspektivisch dargestellten Laibungen, Fenster und Durchgänge laden den Besucher ein, sie zu betreten. Ein leichtes, für die Schmiedetechnik sehr reiches, filigranes Bandel- und Laubwerk umrahmt das illusionistische Kunstwerk. Doch wer näher an

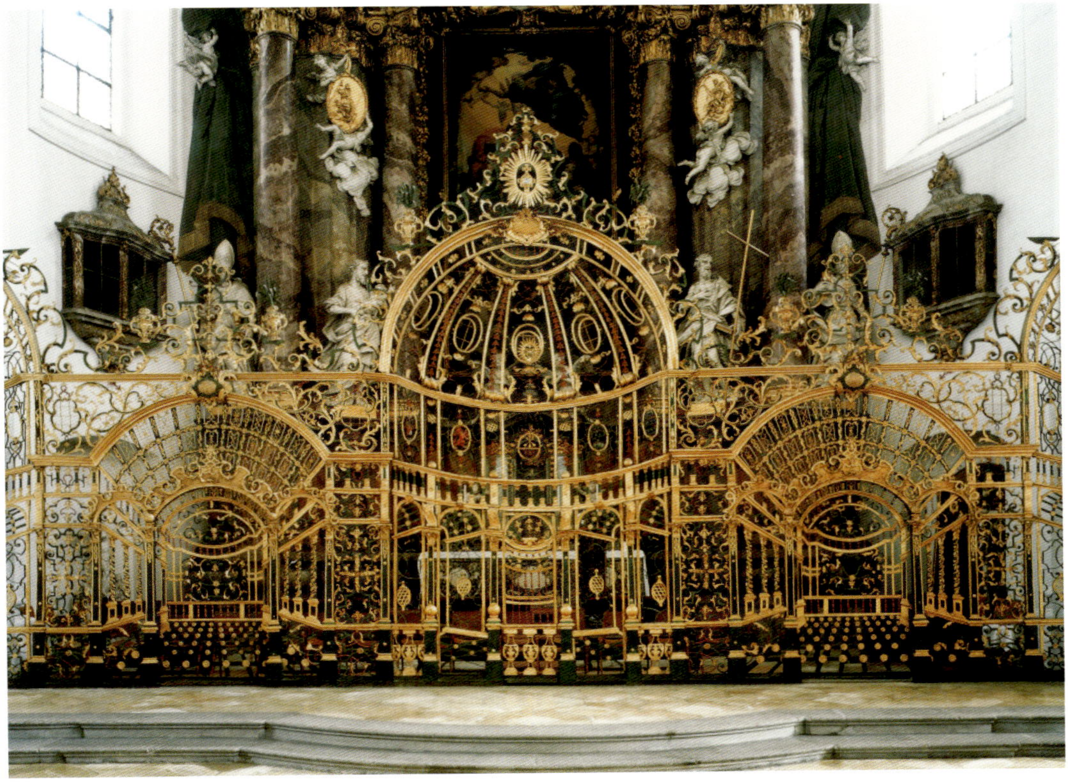

das Chorgitter herantritt, sieht, daß er einer meisterlichen Täuschung der Sinne erlegen ist, denn das Gitter bleibt flächig in einer Ebene.

Als es 1732 in der Werkstatt des Klosters von dem Mönch Paul Norz gefertigt wurde, war es für den Choreingang bestimmt, um symbolisch die sichtbare Welt von der unsichtbaren zu trennen. Damit sollte das Chorgitter das Mysterium des Altarsakramentes, das beide Welten miteinander vereint, verdeutlichen. Erst im Zuge der liturgischen Reformen von 1929 fand das Chorgitter seinen heutigen Platz unmittelbar vor dem Hochaltar, wo es leider viel von seiner Wirkung verloren hat.

Warum der Künstler gerade dieses Motiv einer zweiten Kirche wählte, kann nur vermutet werden. Auf jeden Fall zeugt es von der Freude eines kunstsinnigen Mönches, sich vollendet der bewegten Formensprache des Barock zu bedienen.

Vorgetäuschte zweite Kirche

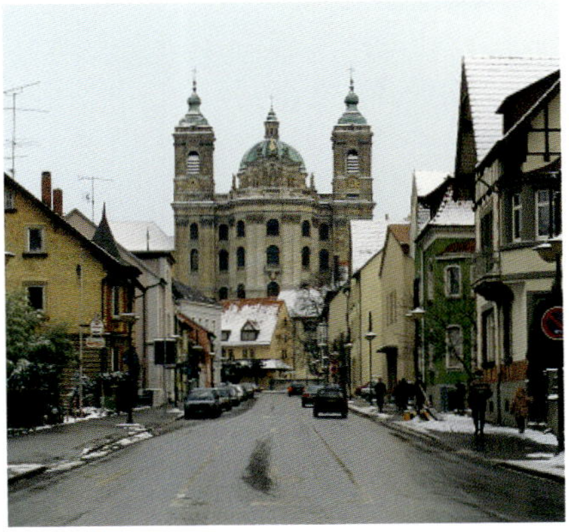

Außenansicht der Barockkirche

Wer's glaubt, wird hundert

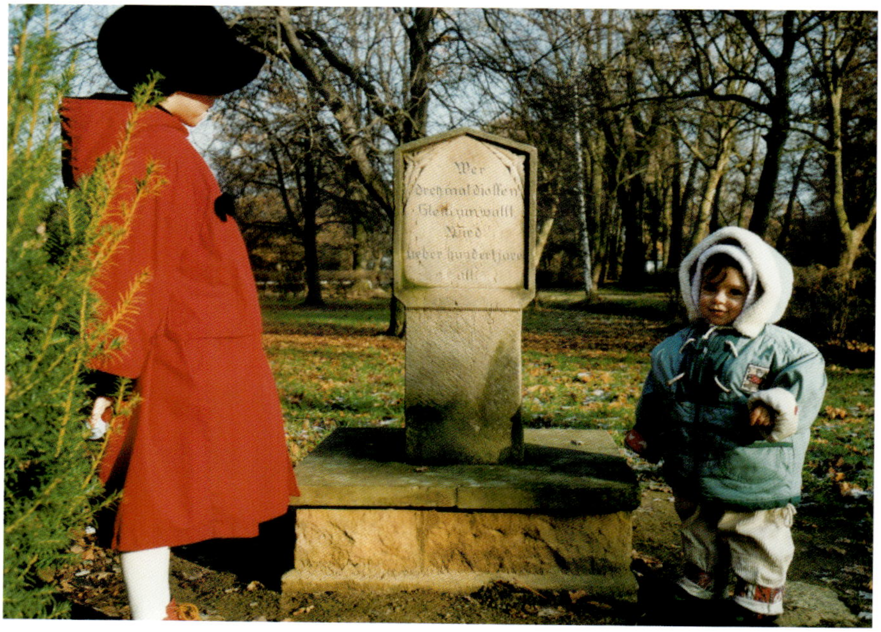

Denkmal der Herzberger Gastfreundschaft

Als 1506 in Wittenberg die Pest wütete, zogen die Professoren und Studenten der jungen, 1502 von Kurfürst Friedrich dem Weisen gegründeten Universität von Wittenberg in die nahe Wasserfestung Herzberg an der Elster. Denn Herzberg galt seit dem 14. Jahrhundert als pestsicher und bot eine willkommene Zuflucht. Dort führten die Gelehrten auf Anweisung des Kurfürsten die Arbeit der Universität fort, die später den Ruhm als „Wiege der Reformation" erlangen sollte.

Die Bürger von Herzberg erwiesen sich als besonders gastfreundlich. Die Professoren und ihre Schüler kamen in Bürgerquartieren unter und wurden bestens versorgt. Vom 4. Juli bis 9. Dezember 1506 verlebten sie hier eine so schöne Zeit, daß sie, als sie nach Wittenberg zurückkehren konnten, mit großem Bedauern Abschied nahmen.

Zur Erinnerung und als Dank an ihre Lebensretter hinterließen die Studiosi den Herzbergern einen Gedenkstein, der im Volksmund Wunderstein genannt wird. Heute befindet sich der schlichte Sandsteinblock am Eingang des Stadtparks. Das Denkmal ist verziert mit Eichenblättern und einem Steinmetzzeichen, das durch einen mit einem Herz verbundenen Berg den Namen des Ortes symbolisiert. Die Vorderseite trägt den Zauberspruch:

„Wer
dreymal diessen
Stein umwallt,
Wird
ueber hundert Jare alt.“

Wer sich an diesen Rat hält, entdeckt in der Hoffnung auf ein langes Leben beim Umkreisen des Steines auf der Rückseite über der Jahreszahl 1506 eine weitere Inschrift. Sie scheint auf den ersten Blick den würdevollen, akademischen Auftraggebern entsprechend in Latein verfaßt zu sein:

„T.B.
REDRE VSSA PS. NEDTS.
BLES H. CISOS D. NU. T.B.
RETSREHRO v. TH. CIN
RESL LA FRUNHCO D.“

Nun stutzt der Betrachter und wundert sich. Handelt es sich doch nicht um Latein, sondern um einen Spruch, der von unten rechts nach oben links zu lesen ist. Dahinter verbirgt sich ein geistreich-frecher Studentenulk, denn dort steht geschrieben:

„Doch nur falls er nicht vorher
sterbt und so sich selbst den Spaß
verderbt.“

Spottet nicht Mephistopheles in Goethes Faust über die Gelehrsamkeit:

„Verachte nur Vernunft und
Wissenschaft,
Des Menschen allerhöchste Kraft,
Laß nur in Blend-
und Zauberwerken,
Dich von dem
Lügengeist bestärken.“

– und er muß es ja wissen!

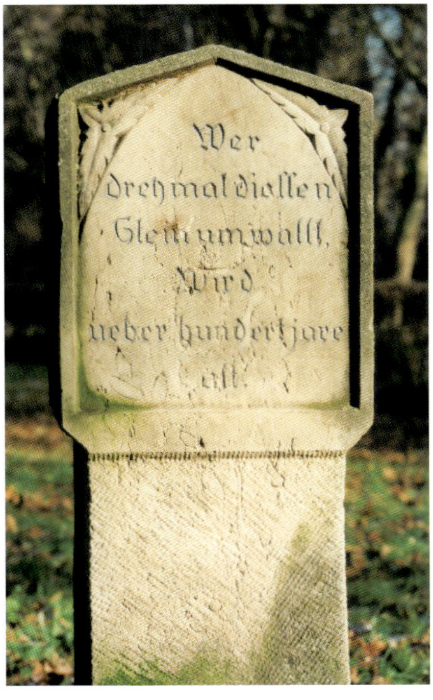

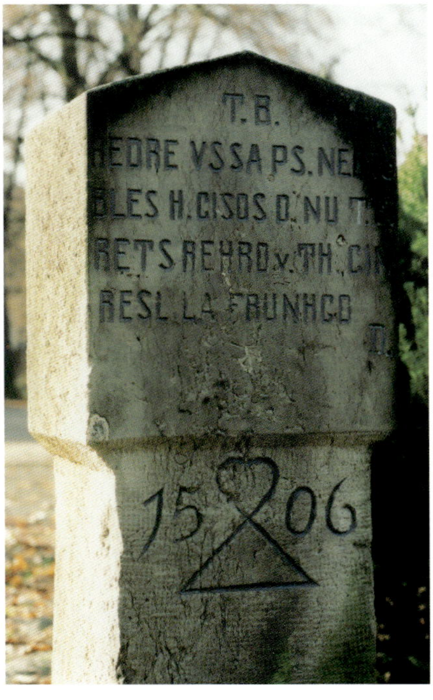

Vorder- und Rückseite des Gedenksteins

Die stille Post

Unterhaltung mittels Portalsäulen

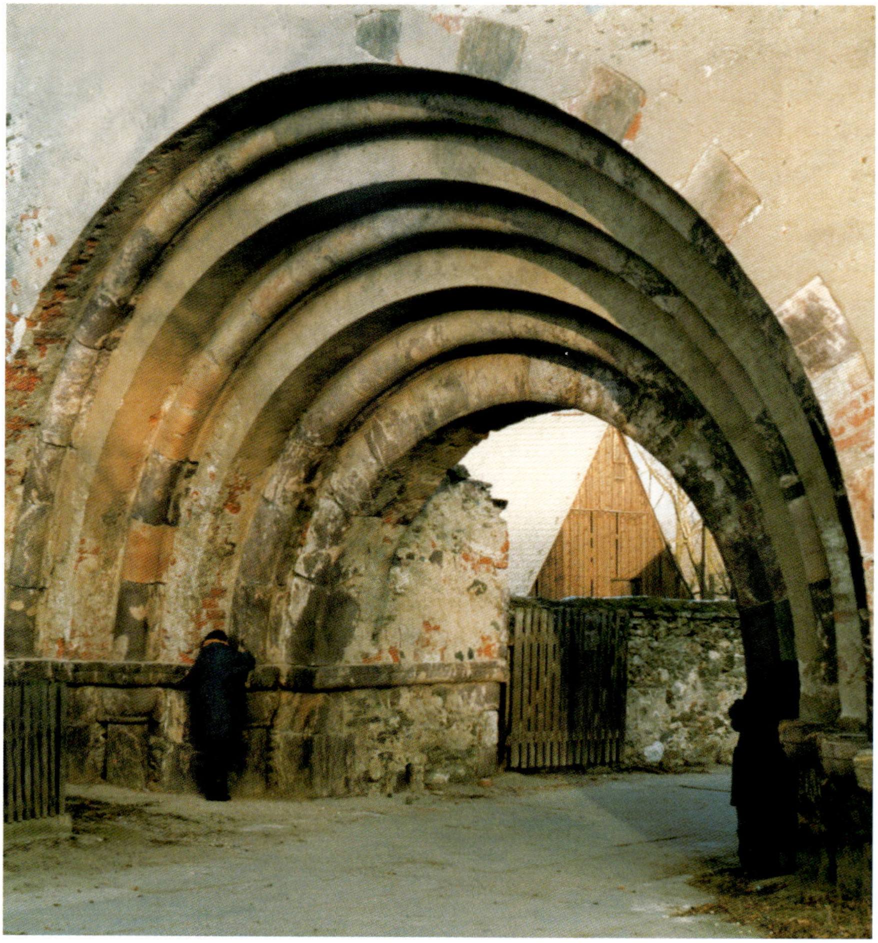

Zuweilen mag es schwer fallen, Kinder, aber auch Erwachsene für Kirchen und altes Gemäuer zu begeistern. Doch wenn man ein Portal gleichsam als unsichtbare Telefonleitung zweckentfremdet, kann man die Kleineren – und Größeren – für wenige Minuten vergessen lassen, daß es in ihrem Leben spannenderes als Klosterbesichtigungen gibt.

Wer einen Ausflug nach Meißen auf dem Programm stehen hat, sollte sich einen kurzen Abstecher nach Nossen, zum ehemaligen Kloster zu

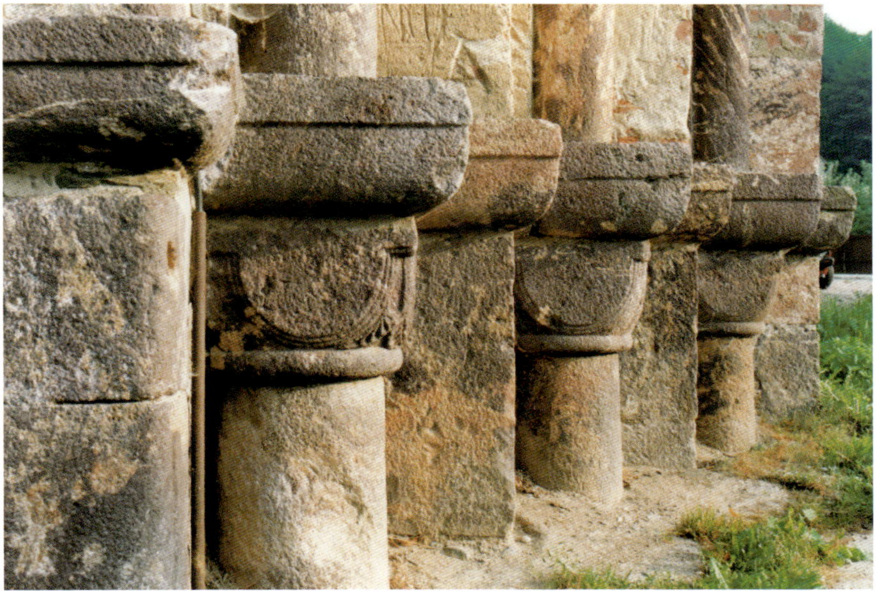

Würfelkapitelle des ehemaligen Klosterportals

Altzella nicht nehmen lassen. Denn nur eine halbe Autostunde südwestlich von Meißen liegt das 1162 gegründete Zisterzienserkloster, das heute im wesentlichen Ruine ist. Wer außen entlang der Mauer das weitläufige Areal umgeht, kann sich vorstellen, daß dieses Kloster einst die Ausdehnung einer mittelalterlichen Kleinstadt aufwies.

Hinter den Mauern befanden sich nicht nur die Klosterkirche und der Wohnbereich der Mönche, sondern zahlreiche Gebäude, welche die Selbständigkeit der christlichen Lebensgemeinschaft im Alltag gewährleisteten. Dazu gehörten auch eine Brauerei und eine Weinpresse.

Im letzten Jahrhundert wurde das Klostergelände mit seinen Bauresten entsprechend dem Zeitgeschmack der „Ruinenromantik" in einen bezaubernden Landschaftspark umgestaltet. Einen Eindruck von der einstigen Größe und Bedeutung des Klosters Altzella bietet sein Torbogen. Aber halt! Hier stimmt doch etwas nicht? Die Säulen sind viel zu kurz für den mächtigen Bogen und die Würfelkapitelle viel zu groß für die kurzen Säulen!

Das Portal war einst mehr als fünf Meter hoch, doch heutzutage ist das Laufniveau um fast zwei Meter aufgefüllt, so daß die Schäfte der Säulen bis zu den Würfelkapitellen im Boden stecken.

Was die optischen Proportionen des imposanten Portals zerstört, bietet manchem Besucher einen Spaß: eine Art schnurloses Telefon. Wenn man sich dicht vor das Portal stellt und ganz leise in einen der Bögen hineinflüstert, kann ein anderer auf der gegenüberliegenden Seite deutlich jedes Wort verstehen. Man braucht also gar nicht laut zu rufen, wenn man sich im Abstand von drei Metern unterhalten möchte. Wie lange dieser Spaß wohl noch erhalten bleibt?

Augusts Säulen

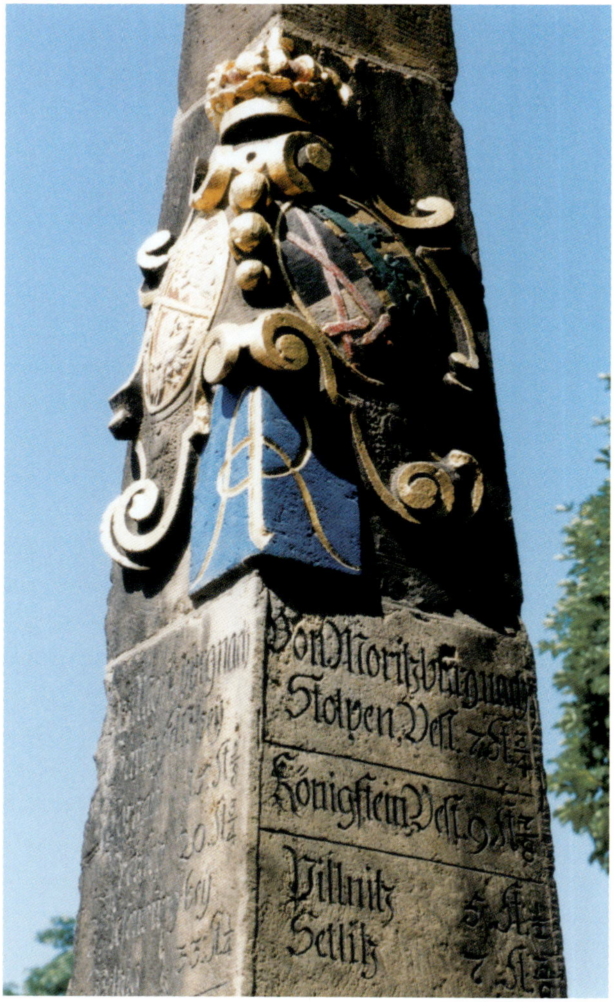

Steinerner Obelisk, der als Wegweiser mit Entfernungsangabe diente

Es war beinahe menschenleer auf der Landstraße in Kursachsen. Der alte, schnauzbärtige Postkutscher kannte seinen Weg. Im Jahr 1681 war er in den kursächsischen Dienst getreten. Seitdem fuhr er planmäßig die Strecke Leipzig-Dresden. Früher, als es noch nicht diese neumodischen Markierungssäulen gab, da hatte er sich in seiner damals offenen Postkalesche an markanten Stellen in der Landschaft orientieren müssen, an Hügeln beispielsweise oder an alten Bäumen. Die verrieten ihm genau, wo er sich befand und wie weit sein Ziel noch entfernt lag. Jeden Hügel, jedes Dorf, ja jeden Baum kannte er. Er atmete die frische, leichte Morgenluft im Sommer und fluchte so manches Mal in den beschwerlichen Wintermonaten, wenn der Matsch die Wege fast unbefahrbar machte oder Schneeverwehungen seinen Spürsinn herausforderten. Doch nie hatte er sich verfahren, darauf war er stolz, wenngleich einige Male überraschend Dörfer vor ihm auftauchten, die er gute fünfhundert Ruten weiter entfernt wähnte.

Nein, er hatte schon früher nicht viel von den anfänglich hölzernen Wegweisern in Form geschnitzter Arme gehalten, diesen „Armensäulen“, die nur zu schnell vermoderten oder von Fuhrwerken einfach überrollt wurden. Auch als Kurfürst August der Starke 1694 an die Macht gelangte, und er die vielbefahrene Straße von Dresden über Meißen nach Leipzig durch robuste vierkantige Eichensäulen markieren ließ, blieb dies nur ein unglücklicher Versuch, die Handelswege besser sichtbar zu machen. Die Entfernungsangaben der Orte waren grobe Zeitschätzungen, die er, der erfahrene Postkutscher, oft überschritten, aber an guten Tagen mit frischen, kräftigen Pferden auch unterboten hatte.

Es war im Herbst des Jahres 1721, das Laub hatte sich zu verfärben begonnen, als der Postkutscher eine Handvoll Menschen am Wege sah, die doch tatsächlich die Straße auszumessen schienen. Kopfschüttelnd fuhr er an ihnen vorüber. „Was das nur wieder geben soll", dachte er bei sich. Wenige Tage später stieß er auf seiner vertrauten Strecke erneut auf diese kleine Truppe von Landvermessern, welche an einer Wegeskreuzung mit Peilen und Aufzeichnen beschäftigt war. Diesmal hielt er an und fragte einen mit einem schwarzen Schlapphut bekleideten Herrn, wozu ihr Tun nützlich sei. Dieser Herr war der Land- und Grenzkommissar Adam Friedrich Zürner, der von seinem Auftrag erzählte, für August den Starken Kursachsen zu vermessen und kartographisch zu erfassen. Dabei zeigte er stolz auf eine eigentümlich umgebaute Kutsche, die dem alten Postkutscher schon bei der ersten Begegnung aufgefallen war.

„Dies ist eine nach meinen Plänen gebaute Meßkutsche, und was mein Gehilfe dort schiebt, ist ein Meßkarren; mit ihrer Hilfe nehmen wir die Straßenvermessung vor. Eigentlich bin ich ja Pastor. Seinerzeit, ich glaube es war im Jahre 1711, habe ich aus Liebhaberei das Bistum Großenhain, zu der meine Gemeinde Skassa gehört, vermessen und als Landkarte aufgezeichnet. Gewidmet habe ich meine Spezialkarte unserem Landesherren, der mich sogleich zu seiner allergnädigsten Zufriedenheit beauftragte, die Dresdner Gegend in gleicher Weise kartographisch aufzunehmen."

Stolz zeigte Zürner auf sein Gefährt: „Sehen Sie das Gestänge dort an meiner Meßkutsche? Es überträgt die Umdrehung eines Hinterrades auf ein Zählwerk im Innern des Meßwagens, die genau dem gebräuchlichen

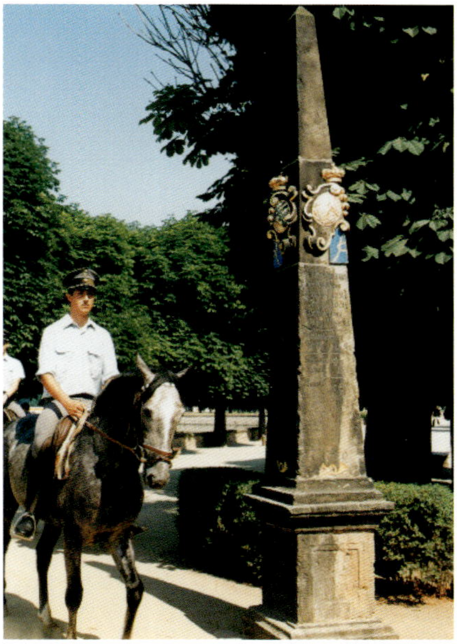

Postsäule vor Schloß Moritzburg

Längenmaß einer Dresdner Rute entspricht. 2 000 Dresdner Ruten (9,062 Kilometer) ergeben eine sächsische Polizei- oder Postmeile, die ein im Schritt gehendes Pferd in zwei Stunden zurücklegen kann. In ganz Kursachsen werden bald nach diesen Zeit- und Maßeinheiten Postmeilensäulen aufgestellt sein."

Eifrig fuhr er fort: „Vier verschiedene Meilensäulen werden die Orientierung im Lande erleichtern. Ein hoher steinerner Obelisk, Distanzsäule genannt, wird in den Städten auf dem Marktplatz oder am Stadttor aufgestellt. In Reiterhöhe werden auf der entsprechenden Seite in Reihenfolge die Ortsnamen und die Poststationen mit

Stundenangaben zu lesen sein. Über diesen Angaben wird die Distanzsäule mit den Initialen AR, die für Augustus Rex stehen, mit dem sächsischen und polnischen Wappen und der polnischen Krone verziert sein. Die Meilen werden wir mit drei weiteren Postmeilensäulen, und zwar den Ganz- und Halbsäulen sowie den Viertelmeilensteinen markieren, die in Größe und Form leicht zu unterscheiden sind."

Friedrich Adam Zürner ging in seiner Begeisterung auf: „Somit werden die Kursächsischen Postmeilensäulen den Postkutschern, den Fuhrleuten, den Boten oder den Reisenden nicht nur den rechten Weg weisen, nein, die Menschen werden auch endlich zuverlässige Entfernungs- und Zeitangaben für ihre abgesteckte Reiseroute durch Kursachsen erhalten!"

„Ein kostenträchtiger Unsinn!", murrte der alte Postkutscher und beugte sich, weil seine Pferde nervös und unruhig wurden, durch seinen Schnauzbart schnalzend wieder auf seinen Sitz zurück. Es hatte zu regnen begonnen, was die zügige Weiterfahrt zur Moritzburg bei Dresden durch die immer matschiger werdende Straße beschwerlich machte. Im Februar des nächsten Jahres, 1722, begann man, die ersten Postmeilensäulen aufzustellen – ein Unterfangen, das sich bis etwa 1740 hinziehen sollte. Aber der alte, schnauzbärtige Postkutscher kannte seinen Weg, er brauchte sie nicht.

Hundert Jahre später, 1840, kam es zur technischen Entwertung der sächsischen Säulen, als die Postmeile an die der Nachbarstaaten angeglichen wurde. Doch die Pariser Meterkonvention löste 1875 auch diese Maßeinheit ab. Zahlreiche Postmeilensteine fielen dem Straßenbau zum Opfer oder fanden als Baumaterial Verwendung. Von den vermutlich rund 1 000 „kleinen barocken Kunstwerken" sind bis heute nur 145 Meilensteine oder Steinreste stehengeblieben.

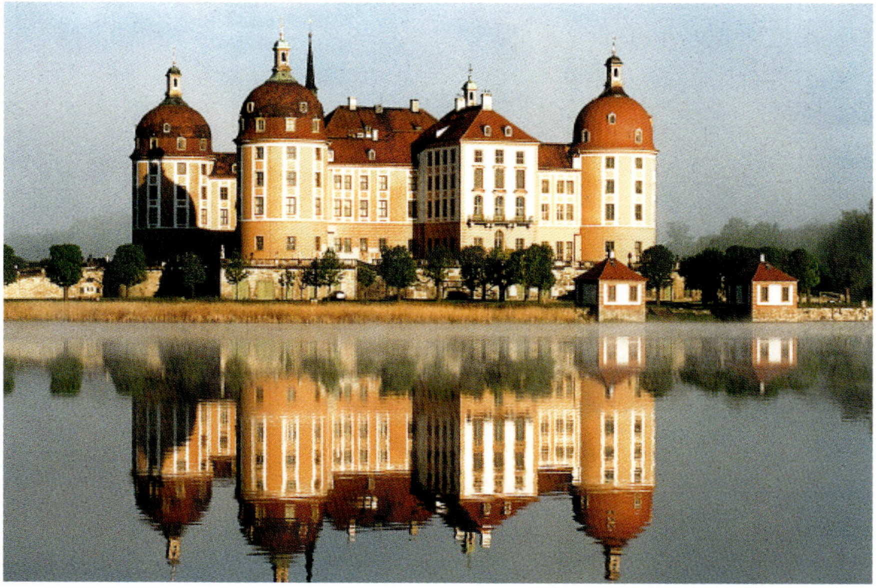

Schloß Moritzburg, Jagdschloß Augusts des Starken

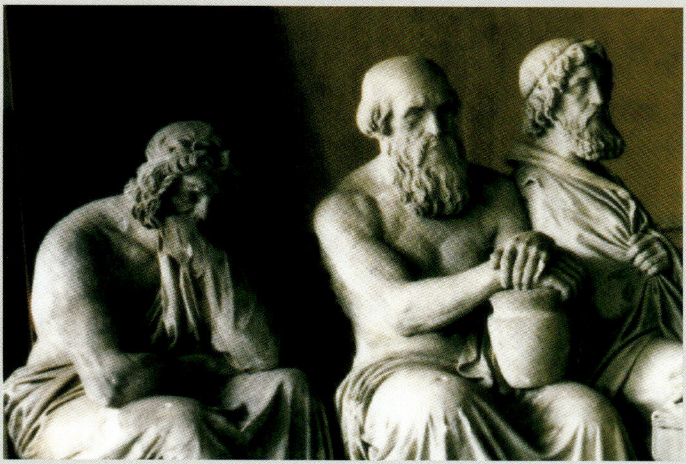

Von sinnenfrohen und anderen Wesen

Ob in der Antike, im Mittelalter oder in der Neuzeit: Seinen Wunschbildern wie Schreckensvisionen verleiht der Mensch bevorzugt in Figuren Ausdruck. Sind sie es doch, die ihn zwar einerseits einladen, sich mit ihnen zu identifizieren, ihm aber andererseits die Möglichkeit lassen, eine sichere Distanz zu wahren. Und so sieht er sich ihnen denn gegenüber: den ambivalenten Gefühlen von Ohnmacht und Rache, Schuld und Sühne. Oder er erkundet den schmalen Grad zwischen freudiger Diesseitsbejahung und angsterfüllter Vergänglichkeitsahnung. Aber auch seinen unbändigen Stolz bekundet er, wenn er einen steinernen Hünen in dreifacher Mannsgröße seinen Status symbolisieren läßt.

Trauer muß Pomona tragen

Eine göttliche Komödie und ein antikes Trauerspiel gibt es in Schloß Blankensee, nahe dem brandenburgischen Trebbin zu entdecken. Das Schloß gehörte einst dem Dichter Hermann Sudermann (1857–1928), dem die Literatur Romane wie *Frau Sorge*, der *Katzensteg*, die *Litauischen Geschichten* und Dramen wie *Sodoms Erbe* verdankt.

Die Sache beginnt mit einer Tagebucheintragung des Dichters vom 27. April 1898: „Herrliche Rokokogestalten für Blankensee gefunden – Vertumnus, Flora und Pomona – von Benckert!" Für die mit dem alten Rom und seiner Götterwelt nicht so Vertrauten: Vertumnus war der Gott der Jahreszeiten. Pomona hatte als Göttin dafür zu sorgen, daß die Früchte reifen, und Flora war für das Schönste zuständig am Erdenkleid, für die Blumen.

Doch nun der Reihe nach: Zuerst heißt es, Licht in die verwandtschaftlichen Beziehungen der drei zu bringen. Also: Flora ist die Schwester der ihr an Schönheit nicht nachstehenden Pomona. Vertumnus, als Gott des Wechselspiels der Jahreszeiten schon von Amts wegen mit den beiden Schwestern vertraut, verliebt sich bis über beide Götterohren in Pomona. Die aber gilt nicht nur als schön, sondern – was ihre Tugend unterstreicht – auch als scheu. Vertumnus wirbt um sie. Um jedoch nicht gleich als göttlicher Arbeitskollege ausgemacht zu werden – vielleicht hätte sie ihm nachgetragen, daß er manchen antiken Sommer zu heiß, manchen Herbst und Winter zu früh oder manchen Frühling zu spät in Gang setzte (was bekanntlich einigen Früchten schadet) –, nähert er sich der schönen Göttin in verschiedenen „Outfits", wie man heute sagen würden. Mal erscheint er als Gärtner, mal als Fischer und – als auch das nichts fruchtet – als strammer Soldat.

Doch Pomona bleibt scheu wie ein Reh und somit standhaft. Bis dem Verliebten eine List einfällt: Er schlüpft – was tut man nicht alles aus Liebe – in die Gestalt eines alten Weibes. So verwandelt, trifft er Pomona und schwärmt ihr von sich selbst vor. Vertumnus – so die Alte zu Pomona – sei treu, beständig und in Fragen des guten Geschmacks – womit wohl die Früchte gemeint sind – mit Pomona von gleicher Empfindung. Das muß den Ausschlag gegeben haben. Die List glückt: Pomona wird, sagt man es bürgerlich, Frau Vertumnus – soweit die göttliche Komödie.

Nun zu dem um das Jahr 1750 von Johann Peter Benckert in Stein gemeißelten jugendlichen Götter-Trio. Hermann Sudermann erstand die drei bei einem Kunsthändler. Der wiederum hatte die überaus anmutigen göttlichen Standbilder bei einer Auktion in Potsdam ersteigert. Wie waren sie dort hingelangt? Nun, Benckert schuf die Göttergestalten einst für keinen geringeren als den preußischen Baumeister Georg Wenzeslaus von Knobelsdorff (1699–1753). Der Meister des sogenannten friderizianischen Rokoko hatte sich in den Kopf gesetzt, daß die römischen Göttlichkeiten die Giebel seines Potsdamer Wohnhauses zieren sollten. Da aber steinerne Götter – zumal in so luftiger Höhe – nicht ewig leben, kam, was kommen mußte: Ein Götterarm fiel vom Dach auf die Straße. Der Magistrat, um die Sicherheit seiner Bürger bemüht, fürchtete einen weiteren Göttersturz. Man ließ die schöne Gruppe abmontieren und – welche Schande! – öffentlich versteigern. Sudermann erwarb sie schließlich für 200 Deutsche Reichsmark.

Schon bald jedoch schlug den Stadtoberen von Potsdam das kunsthistorische Gewissen. Man beschloß, Sudermann die Götter wieder abzukaufen. Der aber ließ sich nicht erweichen. Erst 1965 fand sich die Sudermann-Stiftung – anläßlich des Wiederaufbaues des kriegszerstörten Knobelsdorff-Hauses – bereit, die Originale wieder von Blankensee nach Potsdam zu bringen. Vertumnus erwies sich jedoch als nicht transportfähig, und Pomona zerbrach bei der Prozedur. Nur Flora überstand die Reise.

So mußten denn Vertumnus und Pomona als Reproduktionen aufs Dach in Potsdam gehoben werden. Statt der originalen Flora zeigt sich seither eine kopierte Göttin in ihrer schönen Leiblichkeit im Park von Schloß Blankensee, einem Förderprojekt der Deutschen Stiftung Denkmalschutz und der Brandenburgischen Schlösser GmbH. Die gleichfalls nachgebildete Schwester präsentiert sich nahe dem Schloßtor. Ihr Göttergatte indessen steht – so original wie ihn Benckert erschaffen hat – in einem Kellerverlies zwischen Gießkannen und sonstigem Gartengerät. Dort wartet er auf den Tag, der ihn wieder ans Licht bringt.

Da nur das Wirkliche vergänglich ist, nicht aber das, was der Menschen

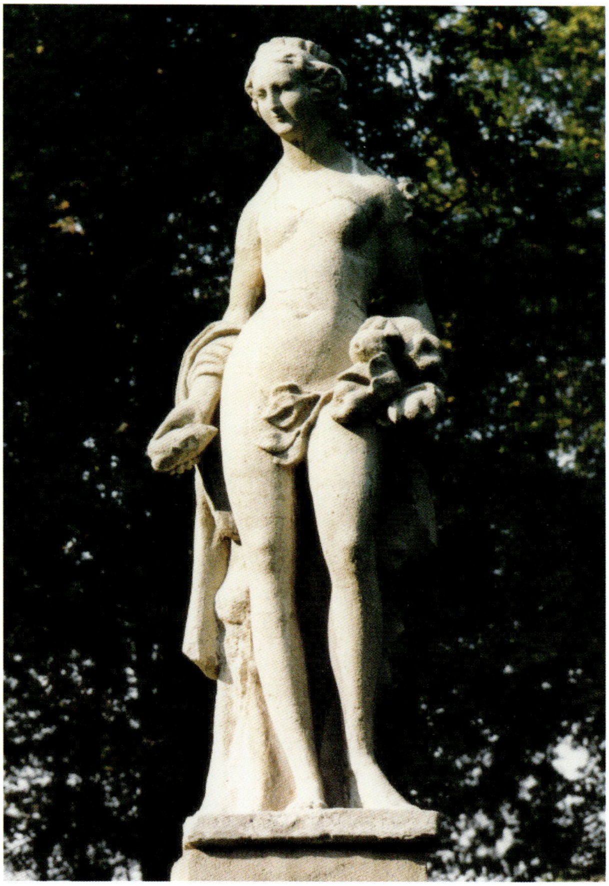

Pomona, Göttin der Früchte

Einbildungskraft entspringt, wird auch die somit unsterbliche Pomona in den Götterhimmeln unserer Phantasie – ob dieses Umgangs mit dem Standbild ihres Göttergatten – Trauer tragen. Solange wohl, bis ein gütiges Geschick den Jüngling aus seinem unwirtlichen Gemach befreit und ihn wieder in das Licht der Sonne hebt.

Der trunkene Herkules

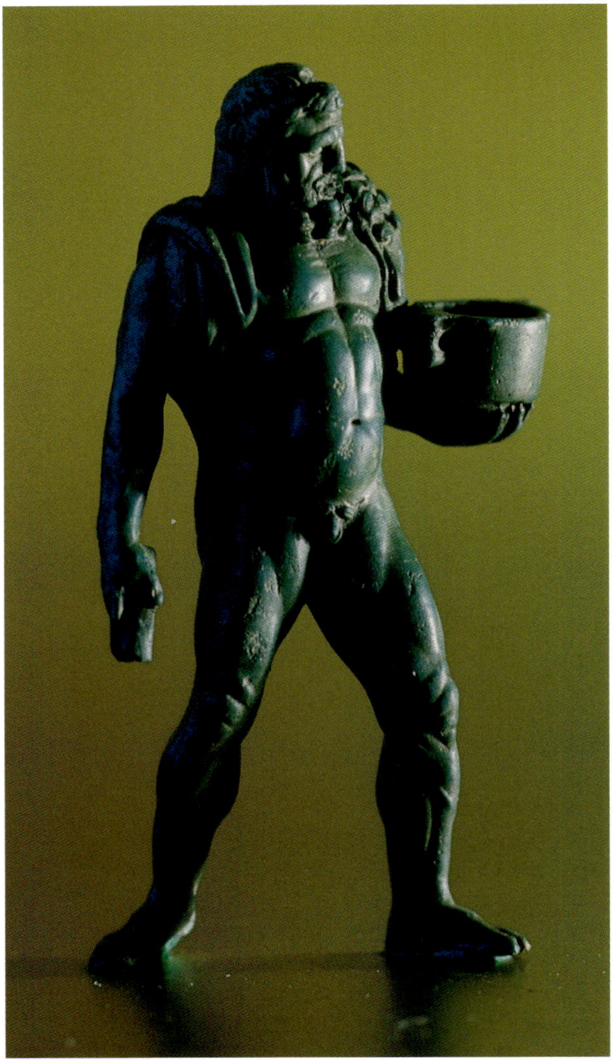

1992 gefundene stehende Herkules-Figur

Er war kein geringerer als der Sohn des Göttervaters Zeus und der irdischen Alkmene: der unsterbliche Halbgott Herakles. Seine berühmtesten Heldentaten sind die zwölf Arbeiten, die er auf Geheiß des Orakels von Delphi für Eurystheus, den Herrscher von Mykene, in zwölf Jahren zu bewältigen hatte. Selbstverständlich bestand Herakles alle Gefahren ruhmvoll, befreite die Welt von Ungeheuern und Plagen und wurde zur Belohnung in den Götterhimmel aufgenommen.

Der ungestüme Herakles verkörperte alles, was der antike Mensch sich an heldenhaften Eigenschaften wünschte. Deshalb wird er in der bildenden Kunst immer wohlgestaltet, muskulös, sehnig und vor Kraft strotzend dargestellt.

Im Laufe der Jahrhunderte wurde aus dem griechischen Herakles der römische Herkules, der bis in die äußersten Winkel des römischen Imperiums Verehrung fand. Selbst weitgereist, avancierte Herkules zunächst zum Gott der Kaufleute, später hatte er auch beim Militär viele Bewunderer. Kaiser wie Konstantin der Große oder Diokletian gaben sich den Beinamen Herkules. Der Halbgott machte in Herrschaftskreisen „Karriere".

Auf einen überraschenden Fund stießen die Wissenschaftler im April 1992 im Braunkohletagebaugebiet Hambach bei Jülich. Bevor der Riesenbagger auch diese Kulturlandschaft unwiederbringlich vernichtete, machten die Archäologen per Luftbild das Oval einer römischen Wehranlage aus. Im Spitzgraben des *burgus*, der nach dem 4. Jahrhundert mit Abfällen verfüllt worden war, fanden sie eine außergewöhnlich gut erhaltene Herkules-Figur. Zehn Zentimeter mißt die bronzene Statuette des unerschrokkenen „Superhelden der Antike".

In Fachkreisen wird der „Athlet im Miniformat" als *Hercules bibax* bezeichnet. Die treffendste Übersetzung lautet „trinkender Herkules, der zum trunkenen wird". Mit seinem linken Arm umfängt er ein großes Trinkgefäß, den *Skyphos*, mit der rechten Hand faßt er eine abgebrochene Keule, die ebenso wie das über die Schulter gelegte Fell des nemäischen Löwens zu seinen Erkennungszeichen gehört. Er scheint einem alkoholischen Getränk gut zugesprochen zu haben, denn seine Schrittstellung verrät, daß er um Haltung und Standfestigkeit ringt.

Herkules besitzt neben seinen heldenhaften Eigenschaften auch eine volkstümliche Seite. Er wurde als roher Naturbursche verehrt, als ein gewaltiger Esser und Trinker, der sich gern deftigen Freuden hingab. Er ließ das Volk an seinen Kultgelagen teilhaben. Als ein Sinnbild für Mut, Ausdauer und Lebenskraft schätzten ihn besonders die Soldaten. Darstellungen des erfolgreichen, aber erschöpften Helden im Weinrausch, von der Siegesgöttin Athene verwöhnt, waren gerngesehene Motive.

Der Hambacher Fund gilt als außergewöhnlich, weil der trunkene Herkules selten aufrecht dargestellt wurde. Eine weitere stehende, aber schlechter erhaltene Figur befindet sich im Pariser Louvre. Noch ist unklar, aus welchem Jahrhundert die Hambacher Plastik stammt. Da die Keule bereits in der Antike abgebrochen ist, dem bärtigen Helden der Sockel und der Pappelblattkranz aus anderem Material ver-

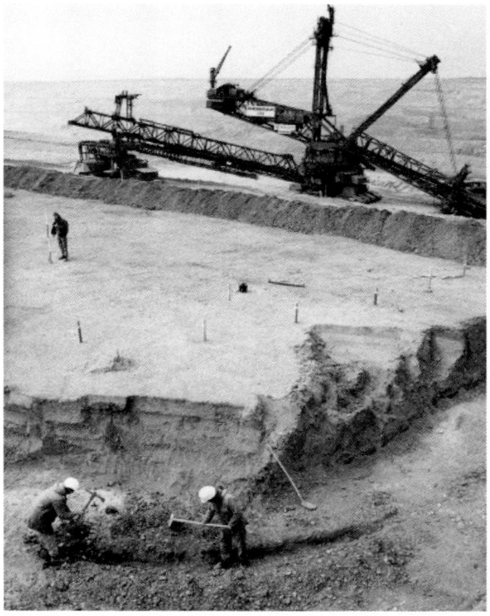

Braunkohle-Tagebaugebiet in Hambach

lorengegangen sind, bedeutet dies, daß der *Hercules bibax* schon damals eine zweite Verwendung gefunden hat. Die Forscher schwanken zwischen dem 1. oder dem 4. Jahrhundert nach Christus, da der Herkules-Kult sich erst ab dem 3. Jahrhundert nördlich der Alpen ausbreitete.

Der kleine Hambacher Herkules könnte in einem Speisezimmer oder in einer Nische eines Hausheiligtums gestanden haben oder als zu stiftendes Weihefigürchen für einen öffentlichen Tempel gedacht gewesen sein. So kann er als Beutegut oder auch, vermuten die Archäologen, als Teil einer Altmetallsammlung in den Graben der römischen Wehranlage gelangt sein, die 500 Meter vom Handelsweg zwischen Köln und Jülich entfernt lag.

Moral vom Rathausturm

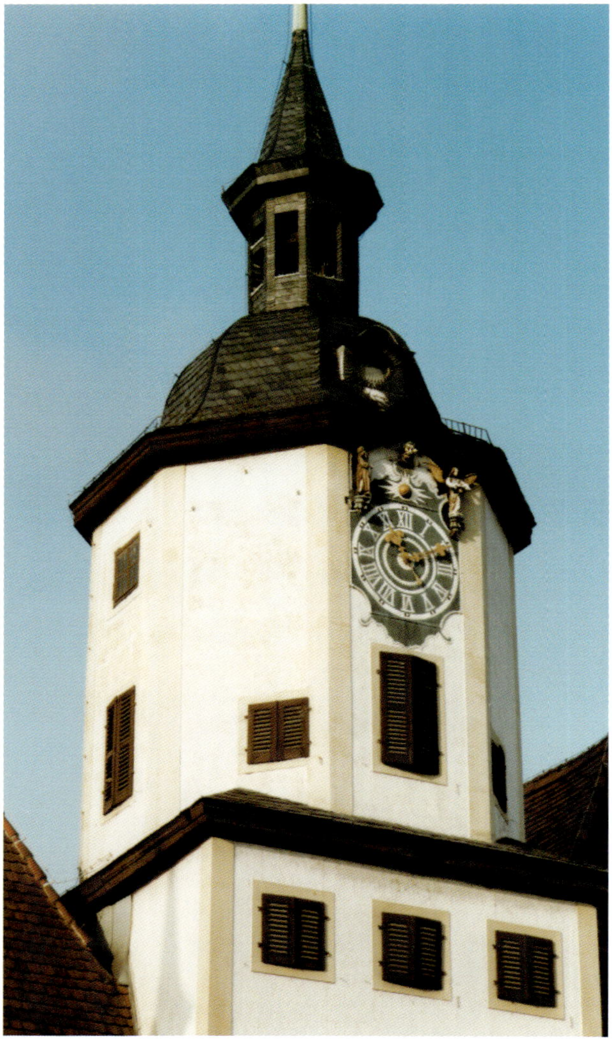

Barocker Rathausturm mit spätgotischer Kunstuhr

Zu jeder vollen Stunde das gleiche Schauspiel: Am Rathausturm von Jena reißt er sein breites Maul auf und versucht, die goldene Kugel zu schnappen, die ihm der Pilger entgegenstreckt. Vergeblich! Dazu läutet der Engel zu seiner Rechten sanft ein Glöckchen. Für diese verzweifelte Anstrengung des „Schnapphans“, wie der Volksmund den Narrenkopf nennt, haben die Jenaer Bürger ihre eigene Erklärung. Der Fall scheint klar: Der Narr versucht, einen Thüringer Kloß zu schnappen.

Viele Rathäuser im Mittelalter schmückte ein Narrenkopf. Er verkörperte gewissermaßen den gesunden Volksverstand und galt als Zeichen der Weisheit. Das Rathaus von Jena zählt nicht nur zu den ältesten Rathausbauten in Deutschland, es entging auch weitgehend dem Verschönerungsdrang nachfolgender Stilepochen. Als das Bürgertum mehr Einfluß und Macht gewann, wünschten sich auch die Stadtväter von Jena Ende des 14. Jahrhunderts ein neues Rathaus, das ihr Selbstbewußtsein gegenüber dem Feudaladel auszudrücken imstande wäre. Die massive Bauweise und die horizontale Gliederung der Front sollten sich wirkungsvoll von den schmalen gotischen Bürgerhäusern am Marktplatz absetzen.

Als Doppelhaus mit zwei Walmdächern angelegt, hatte das Rathaus seine beiden Aufgaben zu erfüllen: Im Erdgeschoß wurde Handel getrieben, im Obergeschoß tagte der Rat, feierten die Bürger und arbeitete die Stadtverwaltung. Der hölzerne Kopf des Narren Hans von Jena befand sich zunächst unter der spätgotischen Kunstuhr, die in einem eigenen Gehäuse über dem Traufgesims des nördlichen Walmdaches hing. Dort schnappte er nur nach Luft statt nach einer Kugel. Rechts über dem Narrenkopf, neben dem Zifferblatt, hielt der ebenfalls aus Holz geschnitzte Pilger seinen Stab mit der Kugel. Mit diesem Stab schlug er zur vollen Stunde eine Glocke über dem Zifferblatt an.

Narren waren an den Höfen gern gesehene Spaßmacher. Doch unter dem Schein der Narrheit geißelten diese lustigen, oft sehr witzigen und klugen Menschen die Dummheit und Ungerechtigkeit anderer und sagten ihnen die Wahrheit. Auch der Kopf des Hans von Jena zeigt die typische Narrenkleidung: eine enganliegende Kapuze mit langen Eselsohren. Im Laufe der Jahrhunderte erfuhren die Narren verschiedene Bedeutungen, die jedoch nicht eindeutig voneinander abzugrenzen sind: vom Narren als Träger aller menschlichen Torheiten und Laster, der unbelehrbar ist, bis zum Narren, der weise und spöttisch den Menschen den Spiegel der Erkenntnis vorhält.

Martin Luther, der oft in Jena weilte und den dortigen Wein „Essig" schimpfte, bediente sich in seinen Predigten und Tischreden des bereits damals über die Grenzen der Stadt hinaus bekannten Hans von Jena als Beispiel, wenn er gegen dümmliches Maulaufsperren oder Gaffen wetterte.

Der volkstümliche Name „Schnapphans" tritt für den Narren von Jena urkundlich erst in der Mitte des 18. Jahrhunderts auf, als die Uhr samt Narrenkopf und Pilger an dem barocken Fachwerkturm in schwindelerregender Höhe ihre neue Wirkungsstätte fand. Die Bauherren schufen mit den bejahrten, liebgewordenen Figuren eine neue Komposition ganz im Sinne des Barock. Sie ließen den Narren nun nach der goldenen Kugel am Stab des Pilgers, nach dem Schein des Vergänglichen, schnappen. Allem, was der Verblendete glaubt, es sei erstrebenswert, jagt der Narr hinterher: Gold und Glanz, Ruhm und Macht. Der Engel, der nun das Stundenglöckchen schlägt, weist dem Pilger, dem Rechtschaffenen, den wahren, aufrichtigen Weg.

Deshalb erinnert der „Schnapphans" stündlich die Menschen daran: Wem die letzte Stunde schlägt, der sollte im Leben dafür Sorge getragen haben, vor dem Weltgericht bestehen zu können.

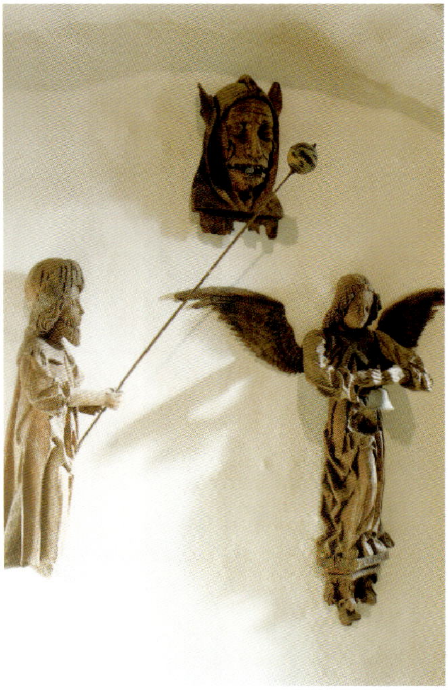

Barocke Komposition von „Schnapphans", Pilger und Engel

Der steinerne Hüne

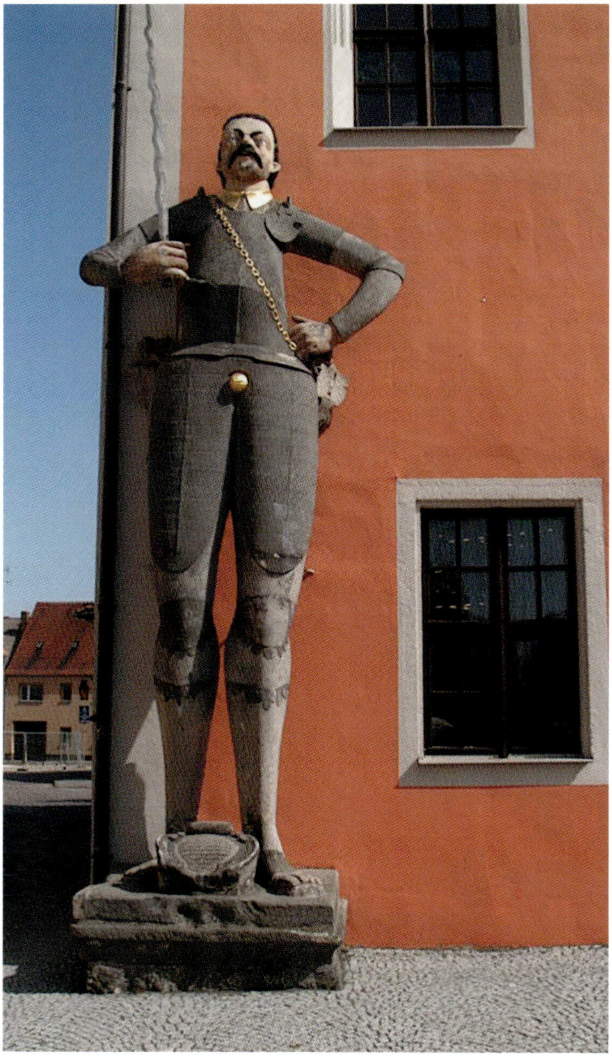

Gesetzeshüter in dreifacher Mannshöhe

Eine Augenweide ist dieses Mannsbild in seinem am Oberkörper zu eng geratenen Harnisch und seinen überlangen Beinen nicht gerade. Aber seine Größe und seine geschichtliche Bedeutung beeindrucken: der Roland von Belgern.

Belgern, eine kleine Stadt am westlichen Steilufer der Elbe in der Nähe von Torgau gelegen, wurde 973 erstmals erwähnt. Die Burg auf dem „weißen Berge“ bildete seit Otto I. eine wichtige Grenzburg gegen die Slawen und gab der Siedlung ihren Namen *bela gora*.

Die Burg sicherte auch den Elbübergang der von Westen nach Osten verlaufenden Salzstraße. Noch heute zeugt der große Marktplatz in Belgern von diesem Handelsweg. Die regelmäßig angelegte Stadt gehörte ab 1309 dem Zisterzienserkloster Buch, das besonders die Kunst des Töpferns, Webens und Bierbrauens in Belgern förderte. Von 1526 an unterstand der Ort Kursachsen, bis er 1815 Preußen zugeschlagen wurde.

Der letzte Bischof von Meißen ließ 1575 das Renaissance-Rathaus mit seinem prächtigen Portal errichten, dessen Fassade in leuchtendes Orange getaucht ist. Hat sich das Auge an die kräftige Farbe gewöhnt, zieht der langbeinige Gesetzeshüter die Aufmerksamkeit des Besuchers auf sich. Unter dem Roland, der an der linken Rathausecke steht, befanden sich einst die Verliese für Schwerverbrecher. Zu seinen großen

Füßen mußten Verurteilte, die der Stadt oder des Landes verwiesen wurden, die Urfehde schwören: keine Rache zu nehmen und die Stadt zu meiden.

Die genaue Herkunft und die Bedeutung der insgesamt 25 Rolandfiguren, die sich vorwiegend in Niedersachsen und im nördlichen Mitteldeutschland befinden, sind umstritten. Jedoch symbolisieren sie auf jeden Fall die Marktfreiheit und Gerichtsbarkeit eines Ortes, da sie immer vor Rathäusern stehen. Als 1610 für Belgern die 1550 erlangte allgemeine Gerichtshoheit und das Marktrecht erneuert wurden, gab der Rat der Stadt, da er „sehr viel Sorge hatte, den hölzernen Roland in Farbe zu halten", Peter Büringer den Auftrag, einen Roland aus Elbsandstein zu schaffen.

Büringers schnauzbärtiger Koloß trägt unter seinem grauen Harnisch ein goldenes Kettenhemd. Die keck vergoldete Schamkapsel der Rüstung läßt den Betrachter schmunzeln. Stolz weist der Roland sein Flammenschwert, den „Flamberg", gen Himmel. Er ist nicht nur der einzige Roland im sächsischen Gebiet, er ist mit seiner Größe von fast sechs Metern auch der drittgrößte in Deutschland. Nur die Rolandstatue in Bremen, die älteste überhaupt, und die in Stendal überragen den Recken von Belgern.

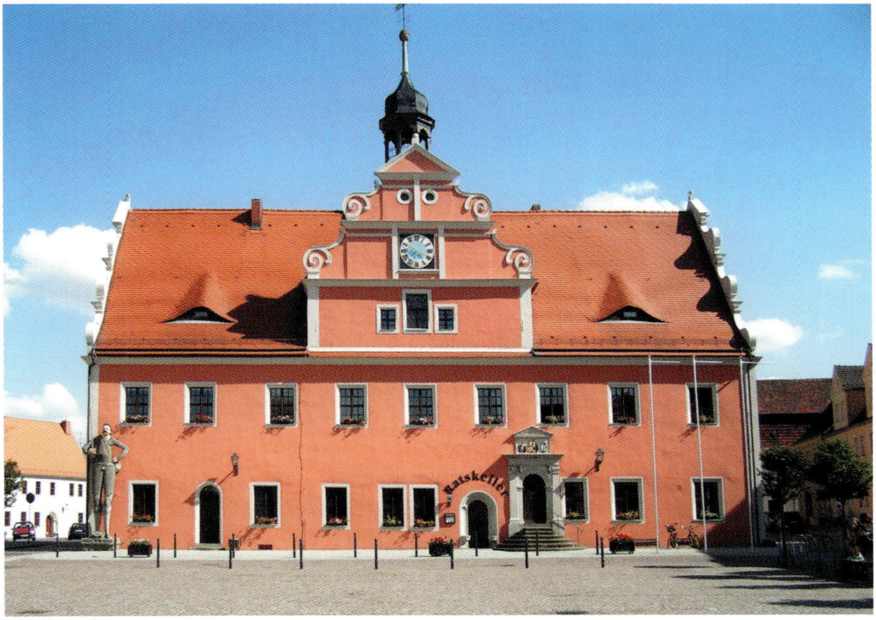

Renaissance-Rathaus von Belgern

Hochwasser, Pest und Kriegswirren konnten dem steinernen Hünen nichts anhaben. Doch bei den vier Restaurierungen im Laufe der Jahrhunderte verlor er seine Sandalen, das auf den Brustpanzer gemalte Rolandshorn und das Stadtwappen. Dennoch schaut er weiterhin unerschrocken mit, wie es in den Urkunden heißt, „wachsamem und stechendem Auge, daß das Gericht ordentlich gesprochen und vollstreckt werde".

Die Tragödie in der Reithalle

Ungerührt und wissend, mit starrem Blick scheint Melpomene, die Muse der Tragödie, in die ferne Zukunft zu sehen. Es ist, als hätte der Dresdner Bildhauer Ernst Rietschel (1804–1861) geahnt, wie eng die Tragödienszene, die sich zu Füßen der unbewegten Musengestalt abspielt, mit dem tatsächlichen Schicksal seiner Figurengruppe verknüpft sein würde.

Das wechselhafte Geschehen nahm seinen Lauf, als Gottfried Semper 1838 mit dem später so berühmten, doch bald zerstörten Bau des Dresdner Hoftheaters beauftragt wurde. Semper bat seinen Freund Rietschel, Professor an der Dresdner Kunstakademie, die beiden geplanten Giebel figürlich zu gestalten. Der Südgiebel sollte der Musik, der zur Elbe gerichtete Nordgiebel der Tragödie gewidmet sein.

Für letzteren wählte Rietschel, ganz im Bewußtsein der aufkeimenden bürgerlich-demokratischen Bewegung, eine Tragödie aus der Tetralogie *Orestie*, die der griechische Dichter Aischylos im 5. Jahrhundert v. Chr. verfaßt hatte. Sie behandelt den Menschen, der hilflos dem Willen der Götter ausgeliefert ist, aber schließlich dank der menschlichen Vernunft Einfluß auf sein Schicksal innerhalb der göttlichen Ordnung nehmen kann. Aischylos' verhaltene Kritik an den Göttern und sein Vertrauen in die Vernunft des Menschen wirkten lange nach. Auch Goethe

Die Stationen der Tragödie, die rechts beginnt: von Tod und Umsturz bis zum selbstbestimmten Leben des freien Menschen

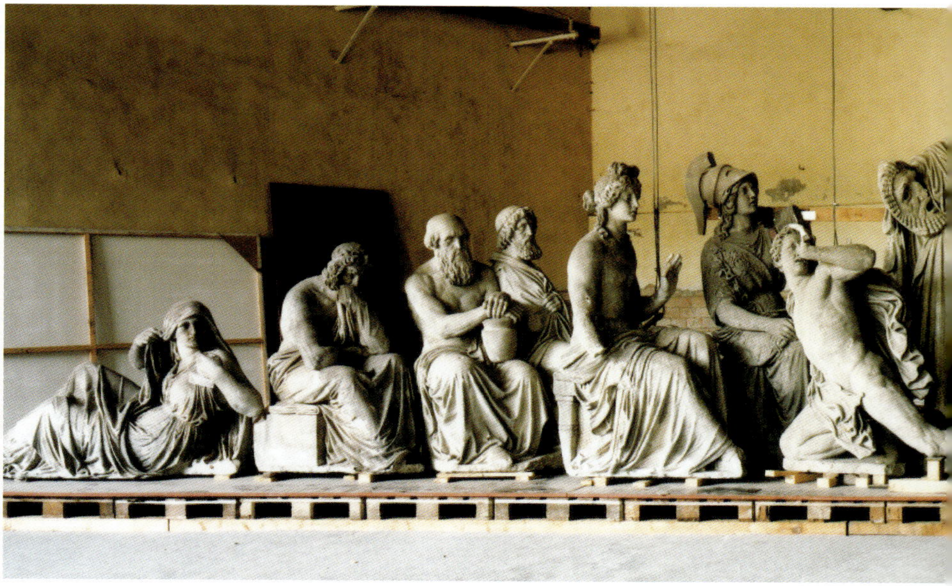

sollte sie in seinem Werk *Iphigenie auf Tauris* 1787 verarbeiten.

Bei der Gestaltung der Giebelszene – sie ist von rechts nach links zu lesen – griff Rietschel den entscheidenden Wendepunkt der Tragödie *Orestie* auf: Orest hat aus Rache für den Tod seines Vaters Agamemnon seine Mutter Klytämnestra und ihren Liebhaber getötet. Der Liebhaber liegt leblos am Boden. Daneben stirbt Klytämnestra in den Armen ihrer Dienerin, ein Diener beklagt den Verlust.

Orest lastet der Muttermord so schwer auf der Seele, daß er flüchtet und jahrelang verzweifelt umherirrt, immer verfolgt von den drei Erinnyen, den Göttinnen der Rache. Am Scheitelpunkt der Entwicklung steht Melpomene: Orest flieht in den Tempel von Delphi. Dort bittet er Pallas Athene um göttlichen Schutz, den sie ihm auch gewährt. Die Göttin der Weisheit und des Friedens – Helm und Brustpanzer sind ihr Zeichen – und ihr Götterbruder Apoll geben dem Menschen Orest eine Chance, seine Tat zu sühnen.

In der Tragödie geht es nun nicht mehr um das Schicksal eines Einzelnen, sondern um die grundsätzliche Frage, ob der Mensch die Fähigkeit besitzt, eine neue, vernünftigere Ordnung zu schaffen. Athene beruft den Areopag ein, den ältesten Gerichtshof Athens und das damalige Zentrum der griechischen Demokratie, und läßt ihn entscheiden. Einer der drei weisen Bürger hält die Urne für die Stimmsteine auf seinem Schoß. Das Ergebnis nach der Anhörung ist unentschieden, und damit wird der Angeklagte freigesprochen. Die Tragweite dieses freien, demokratischen Beschlusses wird durch die liegende Frauenfigur bekräftigt. Es ist eine der Schicksalsgöttinnen, vermutlich Atropos, die den gesponnenen Lebensfaden durchschneidet. Sie betrachtet ruhig die Szene, die mit dem Lebensrad, in dessen Speichen ein Steuerruder steckt, endet: Der

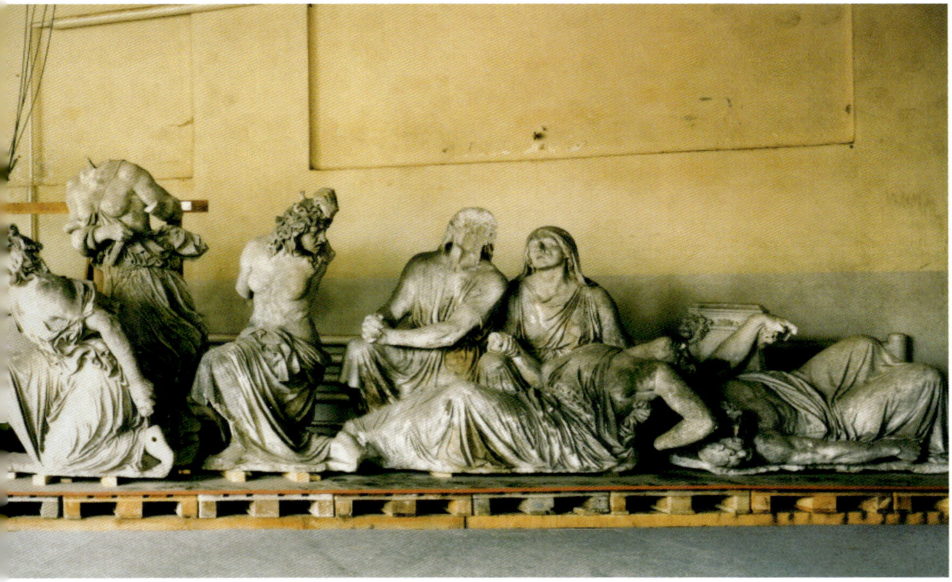

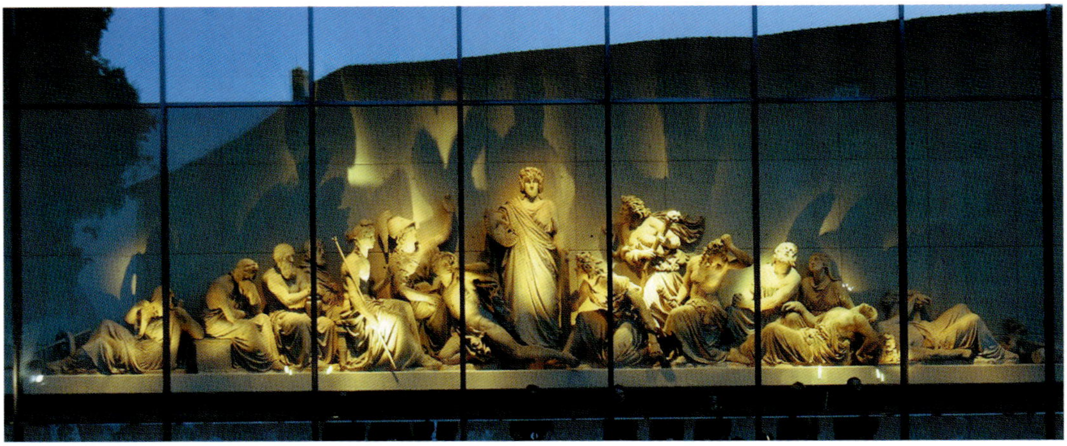

Illuminierung des Rietschelgiebels am Vorabend seiner Enthüllung im September 2003

freie Mensch bestimmt nun sein Leben selbst.

Doch zurück zu den 15 Giebelfiguren: Auch ihr Schicksal scheint es, umhergestoßen und hilflos dem Willen anderer ausgeliefert zu sein. Dreißig Jahre bekrönten sie das Dresdner Hoftheater, dann brannte das Gebäude 1869 binnen weniger Stunden ab. Der Giebel der Musik wurde vollkommen zerstört, allein der Giebel der Tragödie blieb erhalten, rußgeschwärzt, aber unversehrt. Er wurde geborgen und im Depot des Albertinums eingelagert. Semper, mit einem zweiten Bau des Hoftheaters beauftragt, hatte keine Verwendung mehr für ihn.

In den folgenden Jahren setzte der Bautzener Bürgermeister Kaeubler alles daran, Ernst Rietschel, dem großen Sohn der Lausitz, posthum ein Denkmal zu setzen. 1902 endlich überließ ihm das sächsische Königshaus die Figuren für den Giebel seines Stadttheaters. Aber erst vier Jahre später wurden sie aufgestellt. Doch die Odyssee der Rietschelfiguren war noch nicht zu Ende: Hundert Jahre nach der Zerstörung des Dresdner Hoftheaters ließen die Bautzener Stadtväter 1969 in der irrigen Annahme, sie erhielten die Genehmigung für einen modernen Theaterbau, das alte Gebäude überstürzt abreißen. Die Giebelfiguren wurden provisorisch im Garten der damaligen Sozietät deponiert. Noch sieben Mal wurden sie umgelagert, ab Juli 1995 standen sie in Bautzen in einer ehemaligen Reithalle, die einst zur Villa der 1930 in Konkurs gegangenen Kunstdruckdynastie Weigang gehörte. So waren die fünfzehn Figuren erstmals seit dreißig Jahren wieder in der ursprünglichen Komposition zu erleben. Trotz der vielen, oft nicht sachgerecht durchgeführten Umzüge haben die bis zu 2,60 Meter hohen, insgesamt über elf Tonnen schweren Steinkolosse erstaunlich wenig Schaden genommen, sogar die Fragmente sind größtenteils noch vorhanden.

Nach einer endlosen Odyssee hat der Rietschel-Giebel im Jahr 2003 nunmehr einen angemessenen Standort gefunden, das neue Bautzener Burgtheater direkt neben der Ortenburg. Am 22. September wurden die sorgfältig restaurierten Figuren des Giebels, die hinter der schützenden Glasfassade des Theaterneubaus angebracht wurden, feierlich enthüllt.

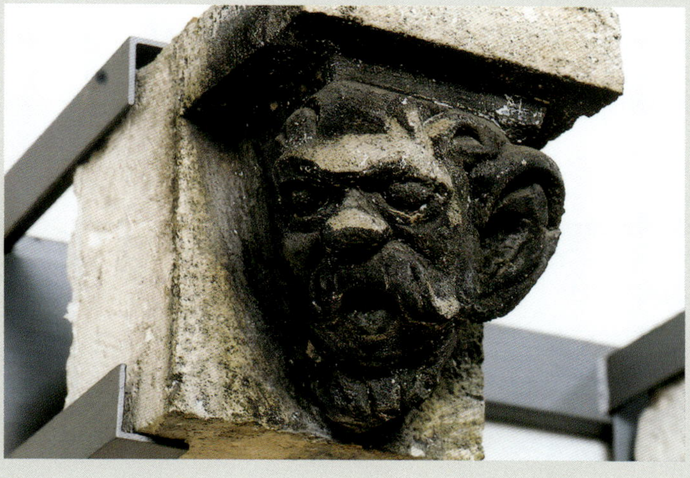

Von irdischen und himmlischen Geschöpfen

Liebenswürdige Details verleihen – falls man sie entdeckt – scheinbar Allzuvertrautem oftmals eine ganz besondere Note. So verspürt der kundige Besucher den Hauch von Exotik, mit dem einzelne Plastiken ganze Kirchen durchwehen. In einem pausbäckigen Putto mit dem Kopfputz eines Prärie-Indianers erkennt er die Darstellung eines Heiligen, oder er begegnet in orgeltragenden Mohren ehemaligen Sklaven. Nicht weniger kurios mag dem Kenner ein Taufengel erscheinen, der von volkstümlicher Frömmigkeit kündet. Reizvolle Akzente findet der Kunstliebhaber jedoch auch bei der Betrachtung traditionellerer Motive wie den biblischen Jungfrauen oder dem Gedenken an eine teure Tote. Eine gemeißelte Karikatur Bismarcks holt ihn schließlich in die Niederungen der Tagespolitik zurück.

Rätsel um Indianer-Kind

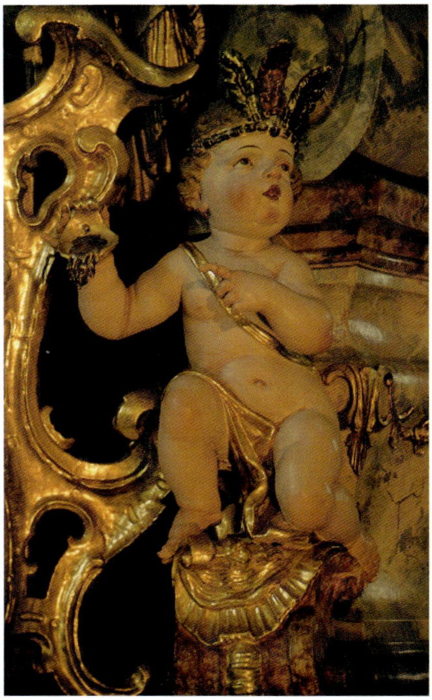

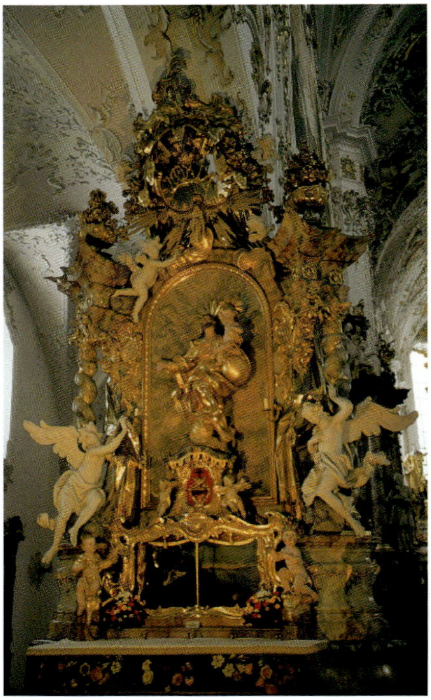

Indianer-Putto mit muschelförmiger Taufschale (Detail); Josephsaltar mit dem Schrein für die Figur des Heiligen Franz Xaver

In Indien leben keine Indianer. Das hätte auch der Bildhauer Franz Xaver Schmädl wissen müssen, als er 1752 einem pausbäckigen Putto den Kopfputz eines Prärie-Indianers aufsetzte und dabei an Indien dachte.

Wer heute auf der Suche nach dem kleinen Indianer die oberbayerische Pfarrkirche von Rottenbuch betritt, wird überwältigt von der Fülle an Formen und Farben. Das Auge ist erst einmal nicht imstande, Einzelheiten zu unterscheiden. Geblendet von der sinnenfrohen Vielfalt, halb entrückt in himmlische Sphären, bewegt der Besucher sich durch das Langhaus und stutzt beim Anblick des Josephsaltars an seiner Nordseite.

Hier sitzt, prall und rosig, umgeben von goldenen Rocaillen, besagter Indianer, der sich unter all die anderen Engel gemischt hat und einen Schuß Exotik in die zartfarbige Barockwelt bringt. Aber nichts in der barockisierten Kirche blieb dem Zufall überlassen, jedes Detail diente dem religiösen Programm, und so ist auch der Indianer-Putto nicht nur Dekoration. Sein Schöpfer hatte ihm eine ernsthafte Aufgabe zugedacht: Schmädl erhielt nämlich 1752 den Auftrag, einen Schrein für die Figur des Heiligen Franz Xaver anzufertigen, den Patron der Rottenbucher Hofmark. Neben den Schrein plazierte er zwei dienende „Kindlein" – so nannte man damals die Putten –, die der Rokoko-Künstler meisterhaft zu schnitzen wußte. Rechts sitzt heute der Indianer und links sein Kamerad mit einem Krebs in der Hand.

Die beiden ungleichen Putten illustrieren die Geschichte des Heiligen, der sich 1541 als päpstlicher Legat in Lissabon nach Goa einschiffte. In Indien taufte der Priester mehr als 30 000 Menschen. Später missionierte er in Malakka, auf den Moro-Inseln und als erster Europäer in Japan.

Einsam und verlassen starb er auf dem Weg nach China. Ein Krebs soll ihm in seiner letzten Stunde am Ozean Beistand geleistet haben. Er hielt ein Kreuz in den Scheren, ebenso wie das Schalentier, das der Putto zur Linken des Heiligen trägt. Der Indianer-Putto mit der muschelförmigen Taufschale erinnert an die Mission des Franz Xaver. Der Federschmuck deutet auf seinen Wirkungskreis Indien hin, nicht etwa auf Amerika! Und das, obwohl man in Meißen schon ab 1710 Putten modellierte, die als prächtige Indianerhäuptlinge ausstaffiert, Amerika personifizieren! In Amerika aber hatte Franz Xaver niemanden bekehrt.

Sollte Schmädl da ein Kunstfehler unterlaufen sein? Oder war es nicht vielmehr ein geschickter Kunstgriff des Bildhauers, sich für die schwierige Darstellung von Indien den Irrtum des Christoph Kolumbus zunutze zu machen? Der hatte ja bis zu seinem Tod im Jahr 1506 fest daran geglaubt, den Indianern in Indien, und nicht in der Neuen Welt, begegnet zu sein.

Schmädl jedenfalls gelang es, mit dem aus der Art geschlagenen Putto die Blicke zu fesseln. Bis heute macht der merkwürdige Kopfputz neugierig auf jene Geschichte, die sich hinter dem „Kindlein", dem Heiligen Franz Xaver und dessen Namensvetter Schmädl verbirgt. Denn Franz Xaver Schmädl wußte ganz sicher, daß Kolumbus Amerika entdeckt hatte.

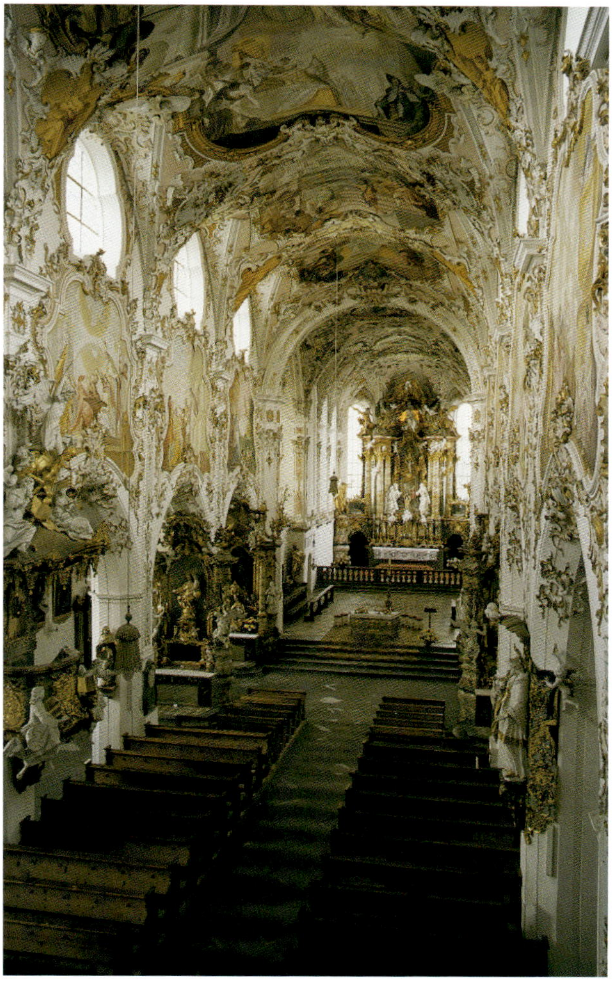

Gotisch gewölbtes Langhaus der Pfarrkirche von Rottenbuch mit zartfarbigem Rokoko-Stuck

Die pommerschen Mohren

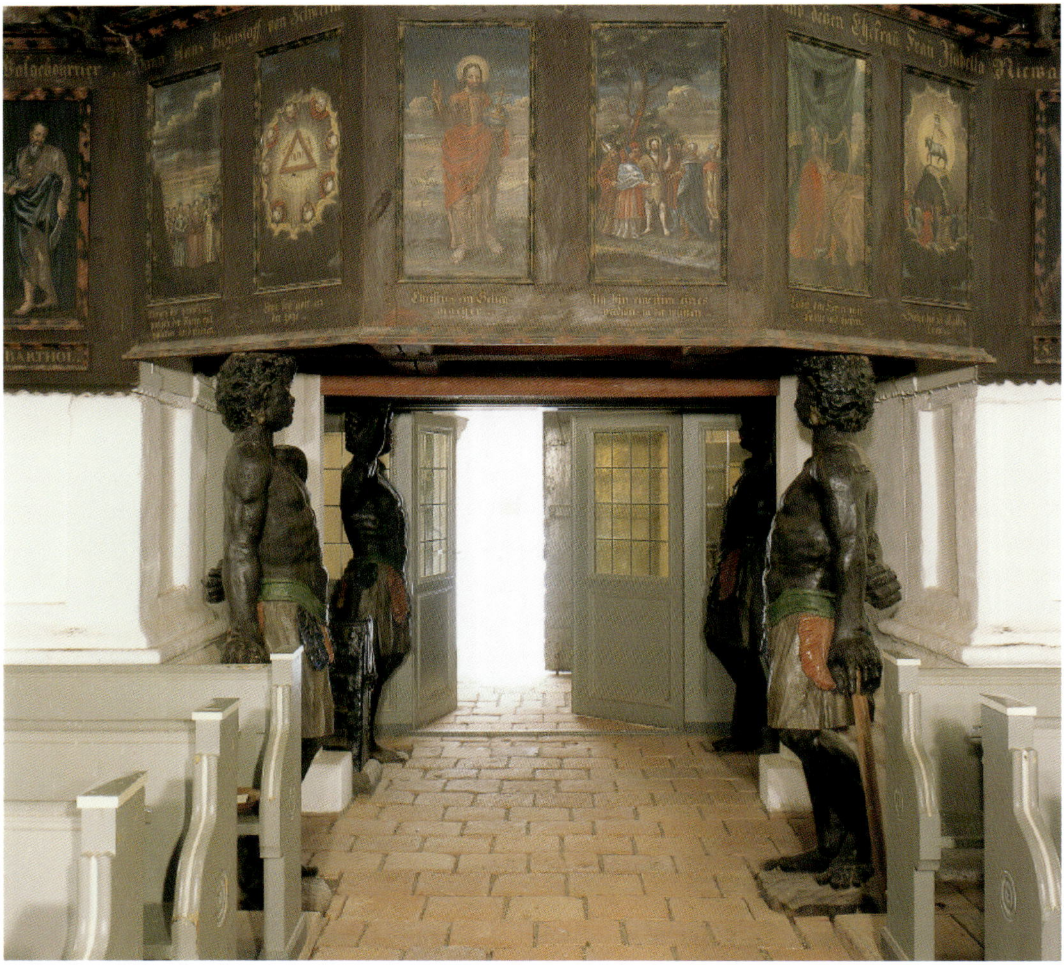

Orgeltragende Mohren im Ensemble

„Anno 1650 den 8. Juni ist der Hochwohlgeborene Herr General-Lieutenant Dettlof von Schwerin, Erbherr auf Putzar, Löwitz, Wittstock, Boldeckow, Ducherow, Radebur, Neuendorf, Ritter des Königlich Preußischen Ordens de la Generosité auf diese Welt geboren worden und am 30. August 1707 in seinem Erbhause zu Putzar seelig sein Leben geendet, seines Alters 57 Jahr 2 Monat." So ist es auf dem Epitaph, in Holz geschnitzt, vermerkt, von welchem – wie die Chronik berichtet – nur noch Reste erhalten sind. Die Dorfkirche von Putzar, östlich von Ueckermünde am Stettiner Haff, Mitte des 16. Jahrhunderts aus Feldstein erbaut, birgt vieles Einmalige und ein Geheimnis dazu.

Es hat mit den mächtigen, überlebensgroßen, aus Holz geschnitzten, prächtig anzuschauenden vier Mohren zu tun. Sie tragen die Orgelempore, die Daniel Wesenberg 1721 für die Kirche stiftete.

Was haben diese vier Herren aus dem schwarzen Kontinent mit dem General zu schaffen? Hier ist man aufs Hörensagen angewiesen. Fest steht: Als man den Hochwohlgeborenen Herrn General noch im besten Mannesalter, wie man heute sagen würde, im Jahr 1707 zu Grabe trug, da hatten sie sich den Sarg auf die Schultern gehoben und den Erbherrn von Putzar auf seinem letzten Weg begleitet.

Was aber verschlug die Mohren nach Putzar? Man sagt – obschon solches weder auf dem Epitaph, noch auf der einst über ihm hängenden Ehrenfahne vermerkt ist –, sie hätten dem General, „der von Jugend auf der Tugend“ nachjagte – so die Fahnen-Inschrift –, in Afrika das Leben gerettet. Zum Dank nahm er sie mit ins Pommersche. Man sollte annehmen als Diener und nicht – wie man heute geneigt sein mag zu sagen – als Sklaven. Weiß man vom späteren Verbleib der Mohren auch nichts, ist auch in keinem Kirchenbuch ihr Ableben vermerkt, sind sie dennoch fast so berühmt wie ihr Herr. Kein Kunstbuch, das auf sich hält, keine Chronik, die sich um Sorgfalt bemüht, verschweigt die starken schwarzen Männer, wie sie auf Kopf und Händen die Empore tragen.

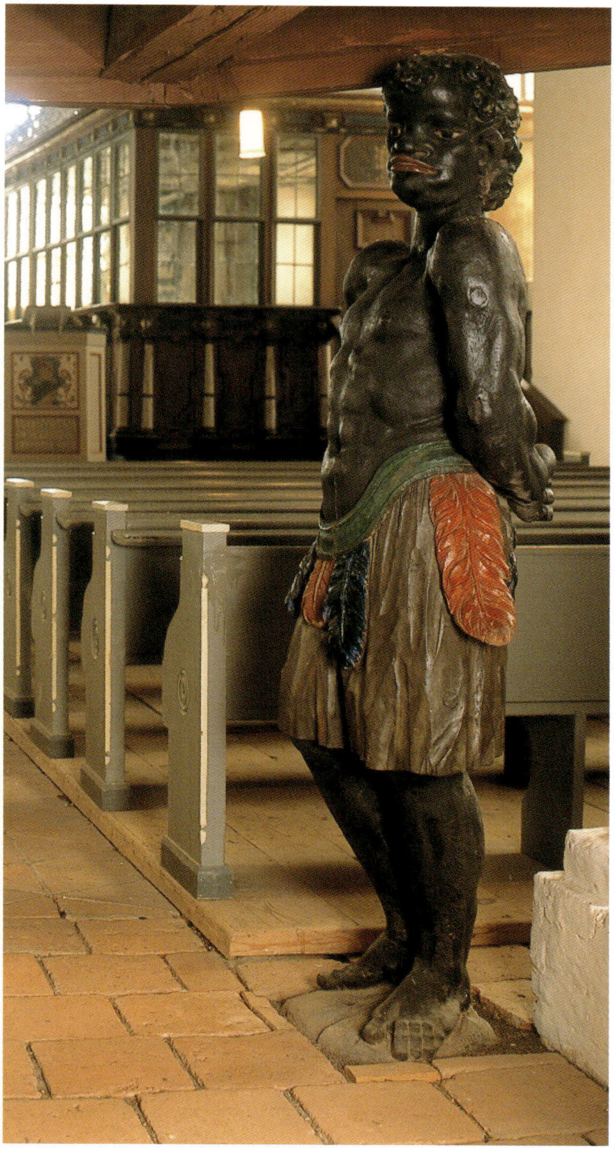

Eine der vier überlebensgroßen Holzfiguren

Und wer da staunen mag in Putzars schöner alter, mit Mitteln der Deutschen Stiftung Denkmalschutz restaurierten Kirche, der tue dies nicht zuletzt der Mohren wegen. So dienen sie der Kunstbetrachtung und haben ihre Schuldigkeit getan.

Der barocke Taufengel

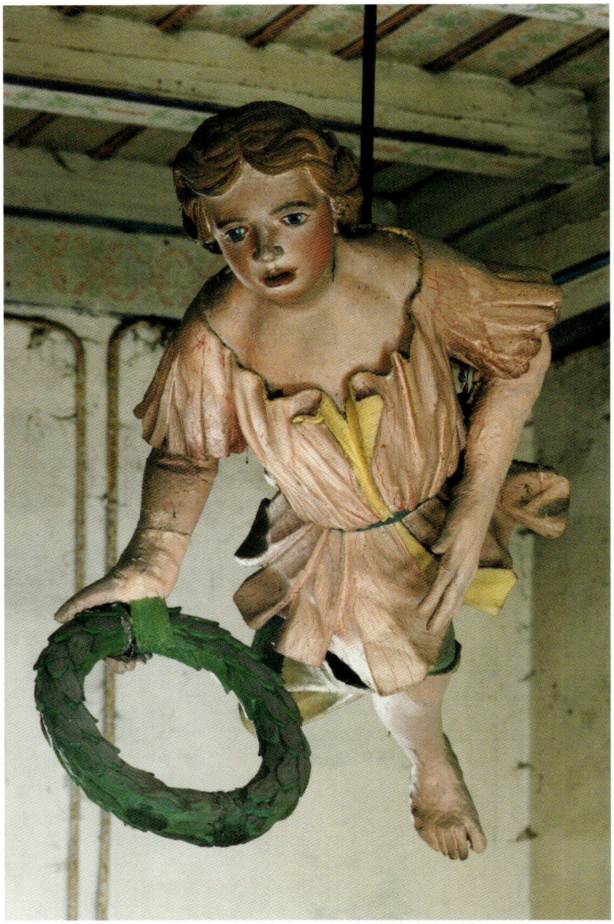

Schwebender Taufbecken-ersatz

Er gleicht einer Galionsfigur und hängt, an einer Eisenstange befestigt, von der Decke herab. In halb aufrechter Haltung und mit flatterndem Gewand schwebt dieser fast lebensgroße Engel ohne Flügel im Raum. Sein rosa-grünes, mit zartem Gelb abgesetztes Kleid paßt sich gut der lichten Bemalung der Balkendecke an.

Dieses Kuriosum befindet sich in der romanischen Dorfkirche von Neutz, 15 Kilometer nördlich von Halle. Die kleine Dorfkirche stammt aus dem Jahr 1180 und zählt zu den ältesten im Saalkreis. Doch was soll dieser fliegende Jüngling aus dem 18. Jahrhundert – oder ist es ein Mädchen – in einer sonst Bildern und Figuren abholden evangelischen Kirche? Die Forschung gibt interessante Einblicke: Es ist ein Taufengel. Seine Geschwister sind nur in evangelischen Dorfkirchen, vornehmlich im norddeutschen Raum, zu finden. Sie stellen eine liebenswerte Eigenheit volkstümlicher Frömmigkeit dar. Im Barock, als Sinnen- und Lebensfreude vor allem in bewegten Figuren und Putten ihren Ausdruck fanden, hielten auch die ersten Taufengel Einzug in die Dorfkirchen. Meist wurden sie von wohlhabenden Kirchgängern gestiftet, die ihren Namen in die Holzfigur schnitzen ließen. Die Kirchenbücher zeigen, daß die Dorfbewohner es sich regelrecht ertrotzten, die geschenkten Sakramentshelfer behalten zu können. Denn die öffentliche Kirche, Gelehrte und Kunstsinnige lehnten sie entweder aus liturgischen Gründen vehement ab, oder weil sie sie als „geschmacklose Gestalt(en)“ empfanden, die einen „unangenehmen Eindruck“ machten.

Die bäuerlichen Gemeinden hatten offensichtlich keine Probleme mit den farbenfrohen Kirchendienern. Ihnen waren Engel aus der Bibel bestens vertraut; besonders der Drachentöter Michael stand ihnen nahe. Die wenigsten wußten, daß der Apostel Paulus in seinem Brief an die Kolosser die Anbetung der Engel verbietet. Da selbst Luther Engel als Diener Gottes ansah und gegen das Michaelsfest nichts einzuwenden hatte, hielten die Bauern hartnäckig an ihren Taufengeln fest. Schließlich hatten die Holzengel bei der Taufe auch nur eine dienende Aufgabe.

Taufbecken standen in den evangelischen Kirchen nahe beim Altar. Da die Dorfkirchen recht eng waren, ersetzte man das Becken häufig durch den Engel. War er „außer Dienst“, hing er an einer Kette unter der Decke. Nur zur Taufe, die in der Regel einmal im Jahr stattfand, wurde er herabgelassen. Mit ausgestreckten Armen umfaßten die Sakramentshelfer eine kupferne Schale für das Taufwasser. Manchmal hielten sie in einer Hand auch noch einen Lorbeerkranz oder ein Spruchband. In kräftigen Farben bemalt und in fliegende Stoffe gewandet, wirken sie, ganz Kinder des Barock, lebensnah und kraftvoll.

Es muß sehr beeindruckend gewesen sein, wenn ein großer Engel bei der Taufe von der Decke schwebte. Doch oftmals nahmen die Taufengel bei der Ausführung ihres Amtes Schaden. So auch der Engel in Neutz. Er wurde wohl restauriert, als er nicht mehr gebraucht wurde. Mit viel Liebe, jedoch wenig Gefühl für Proportionen, gab ihm der unbekannte Künstler neue Beine und Arme, die aber entschieden zu lang gerieten. Auch das Wasser in einer Schale zu halten, dürfte diesem Diener Gottes

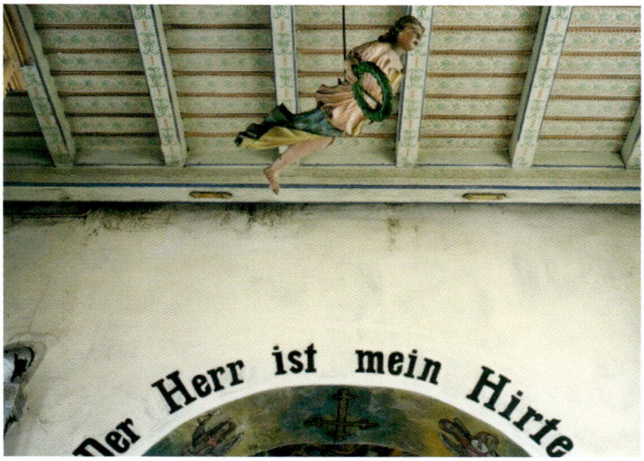

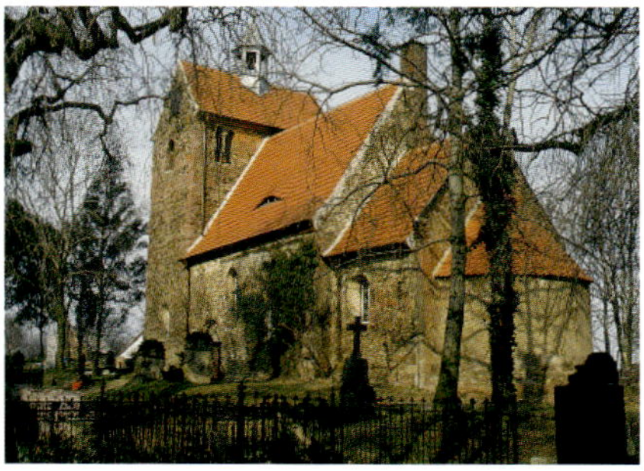

Der Sakramentshelfer unter der Decke der romanischen Dorfkirche von Neutz und deren Außenansicht

schwer fallen, es sei denn, er nähme dem Geistlichen das Ritual ab und übergösse den Täufling sofort mit dem geweihten Naß.

Waren die Taufengel arg beschädigt, wurden sie von vielen Gemeinden verkauft, verfeuert oder auf den Dachboden verbannt. Der Taufengel von Neutz mag kurios aussehen, doch die Kirchengemeinde mochte ihn, sonst könnte man heute nicht über ihn lächeln.

Die törichten Jungfrauen

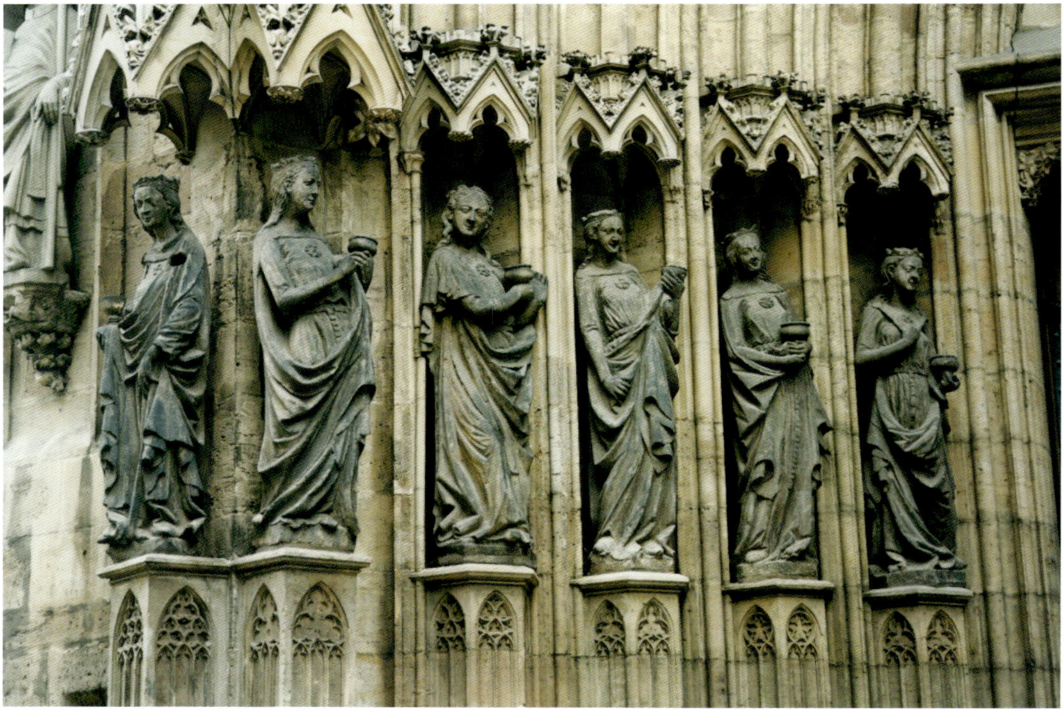

Die wohlvorbereiteten klugen Jungfrauen

Wer in Erfurt auf dem Domplatz steht und nach oben zur imposanten Kulisse des Domhügels schaut, den zieht es hinauf – trotz der 70 Stufen. Dort angekommen, entdeckt der Besucher an der Brautpforte Frauengestalten, die sich in Verzweiflung winden. Sie personifizieren die mittelalterliche Variante des Ausspruchs: „Wer zu spät kommt, den bestraft das Leben."

Sechs steinerne Figuren, doch so lebendig und von einer herzzerreißenden Individualität, daß man nicht glauben möchte, Portalstatuen vor sich zu haben, die Anfang des 14. Jahrhunderts geschaffen wurden. Es sind die törichten Jungfrauen von Erfurt. Ihnen gegenüber stehen in heiterer Gelassenheit die klugen Jungfrauen.

Das biblische Gleichnis erzählt von den zehn Jungfrauen, die die Ankunft des Bräutigams erwarten. Da sie sich lange gedulden müssen, schlafen sie ein. Mitten in der Nacht kommt dann der Bräutigam. Doch nur die klugen Jungfrauen, die neben ihren Öllampen auch genügend Ölvorrat mitgenommen haben, können ihrem zukünftigen Mann entgegengehen. Sie werden zur Hochzeit geladen. Die törichten Jungfrauen müssen erst noch Brennstoff für ihre leeren Leuchten besorgen. So kommen sie

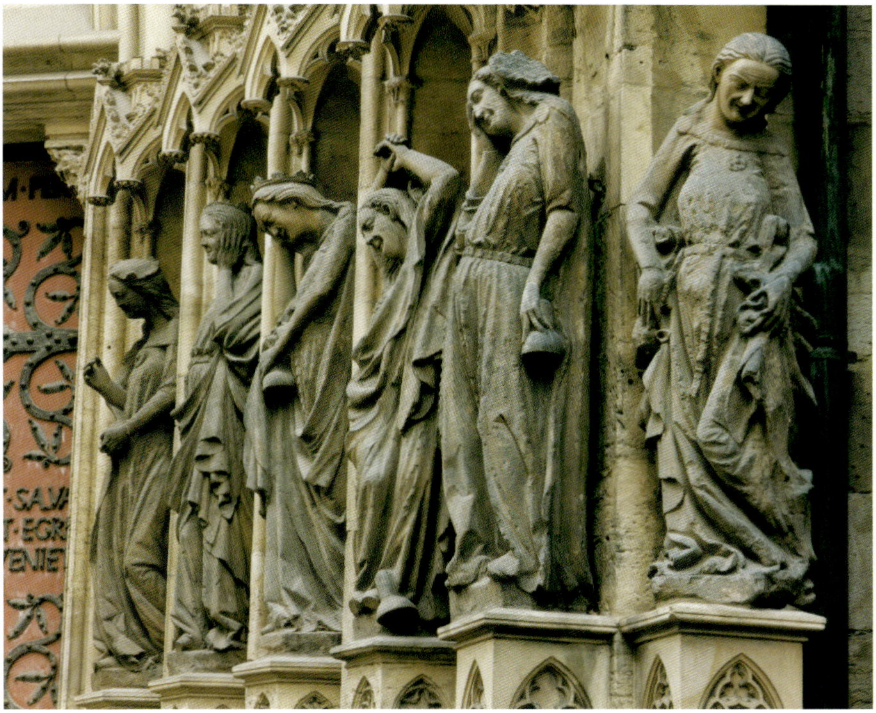

Die verschlafenen törichten Jungfrauen

zu spät und werden nicht mehr in das Hochzeitshaus eingelassen. Dieses Gleichnis aus dem 25. Kapitel des Matthäus-Evangeliums, das mahnt, die Ankunft des Menschensohnes nicht zu verschlafen, war im Mittelalter ein beliebtes Motiv bei der Darstellung des Jüngsten Gerichtes. Pate standen geistliche Mysterienspiele, die seit dem 11. Jahrhundert belegt sind.

An französischen Kathedralen wurden die törichten und klugen Jungfrauen als kleine Figuren in den Archivolten über den Szenen des Jüngsten Gerichtes angebracht. Nur an den deutschen Kirchen des 13. und 14. Jahrhunderts sind sie als monumentale Statuen an den Marienportalen, den sogenannten Brautpforten, zu finden.

Zum ersten Mal traten sie in der Paradiesvorhalle des Magdeburger Domes auf. Ihrem Vorbild folgte Erfurt. Stets ist ihr Ausdruck dramatisch, sie lachen, und sie weinen.

Die Darstellung der törichten Jungfrauen hat in Erfurt eine besondere Steigerung erfahren. Sie krümmen sich in tiefer Verzweiflung – der Anfang des 14. Jahrhunderts war geprägt von Mißernten und der Pest, vielleicht sollten die Menschen gerade in dieser Zeit ihrer Sünden gemahnt werden.

Die junge Frau und ihr Grabmal

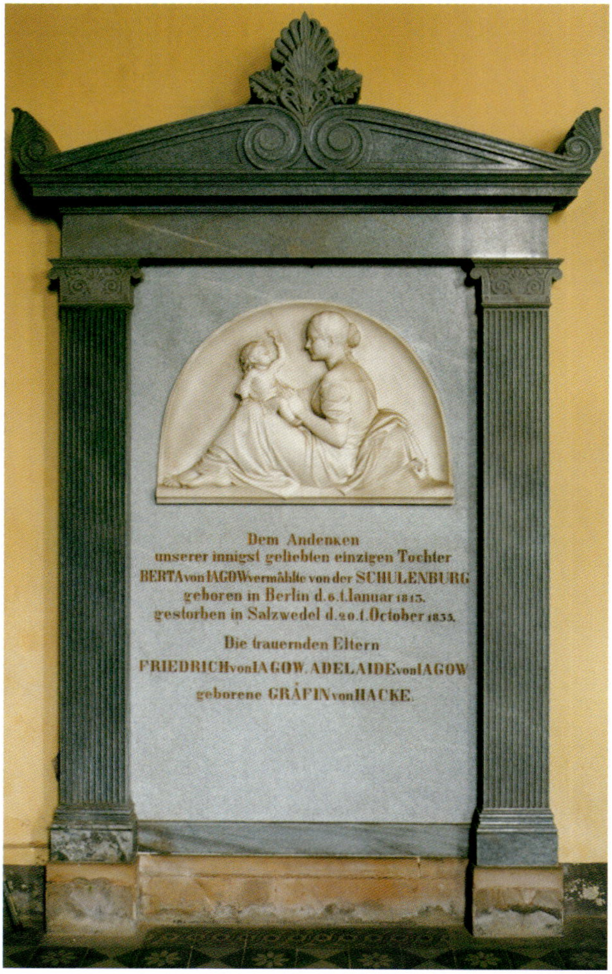

Von Drake geschaffenes Epitaph

Nach Rühstädt in der Prignitz, einem 590 Einwohner zählendem Ort im Amt Bad Wilsnack/Weisen, fährt man wegen der Störche. Über 100 Adebare brüten hier jeden Sommer. Doch nicht allein die Störche locken nach Rühstädt, sondern auch die kleine Dorfkirche.

Steht der Besucher vor dem Altar, und wendet er den Blick nach rechts, zieht ihn ein Relief aus hellgrauem Marmor in seinen Bann. So muß es wohl auch Theodor Fontane ergangen sein bei seinen *Wanderungen durch die Mark Brandenburg:*

„Das Marmorrelief, von Drake gefertigt, ist dem Andenken der 1835 früh verstorbenen Berta von Jagow, vermählte von der Schulenburg, gewidmet. Es stellt eine schöne junge Frau dar, die, mit dem Ausdruck stillen Glückes, auf ihr Kind blickt, das ihr, der Mutter, ein kleines Kruzifix reicht. Sie starb jung, mit zweiundzwanzig Jahren."

War der scharfsichtige Beobachter Fontane von der ergreifenden Szene so gerührt, daß er übersah, woran das Kruzifix erinnert – an eine Kinderrassel?

Was nicht bei Fontane steht: Berta von Jagow, deren Familie 1780 das Schloß von Rühstädt erworben hatte, heiratete im Alter von 20 Jahren Wilhelm von der Schulenburg. Zwei Jahre nach der Hochzeit brachte sie einen Sohn zur Welt. Berta starb im Kindbett. Wilhelm von der Schu-

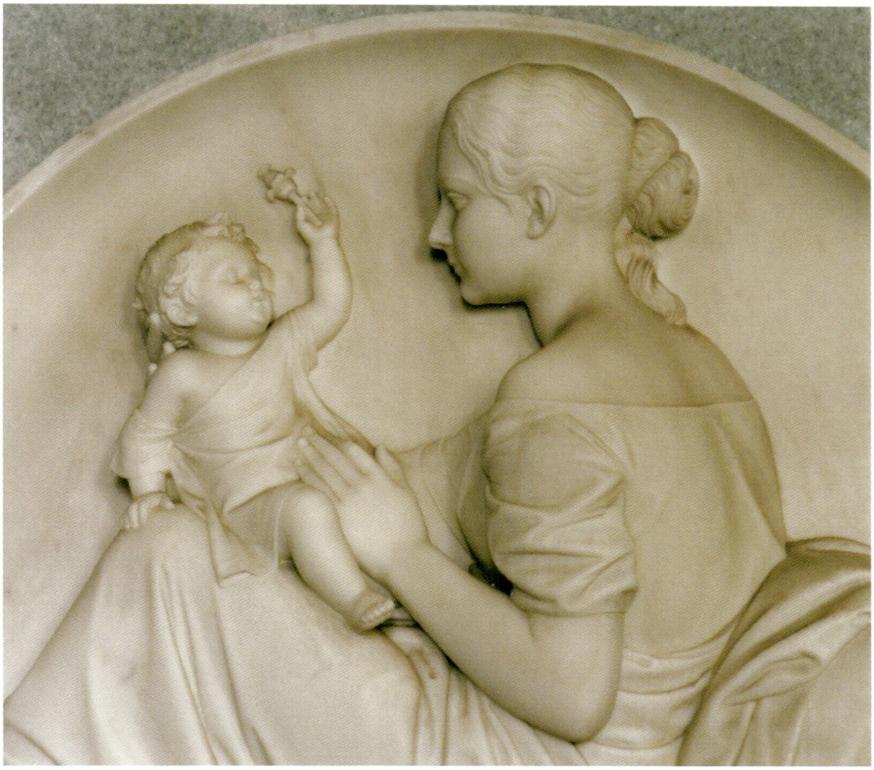

Die Mutter Berta von der Schulenburg mit ihrem Kind (Detail)

lenburg heiratete später wieder. Die zweite Ehe wurde mit acht Kindern gesegnet.

Zu Drake, dem Schöpfer des Reliefs, das Bertas Eltern in Auftrag gaben: Johann Friedrich Drake (1805 bis 1882) gehörte zu den bedeutenden Bildhauern und Porträtisten des 19. Jahrhunderts. Er war ein Schüler von Christian Daniel Rauch (1777 bis 1857). Fontane über Drakes Arbeit: „selbst unter Drakes Werken noch hervorragend".

Es mag sich lohnen, Rühstädt bei einer Reise nicht zu vergessen – auch dann nicht, wenn die Störche im Süden sind – vielleicht sogar besser dann.

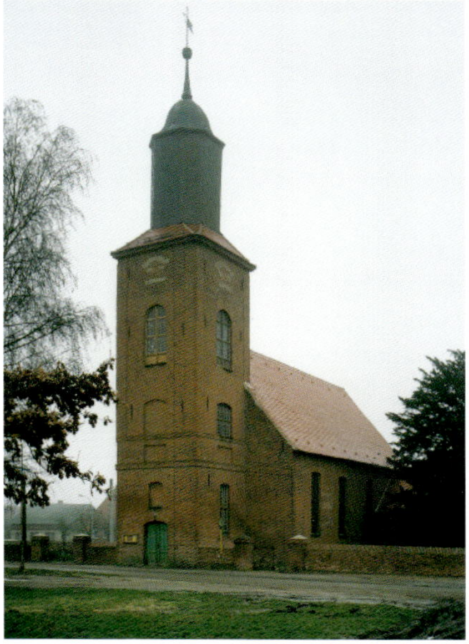

Außenansicht der Dorfkirche von Rühstädt

Bismarcks großer Lauschangriff

Das verwitterte Original: der Reichskanzler mit übergroßem Ohr

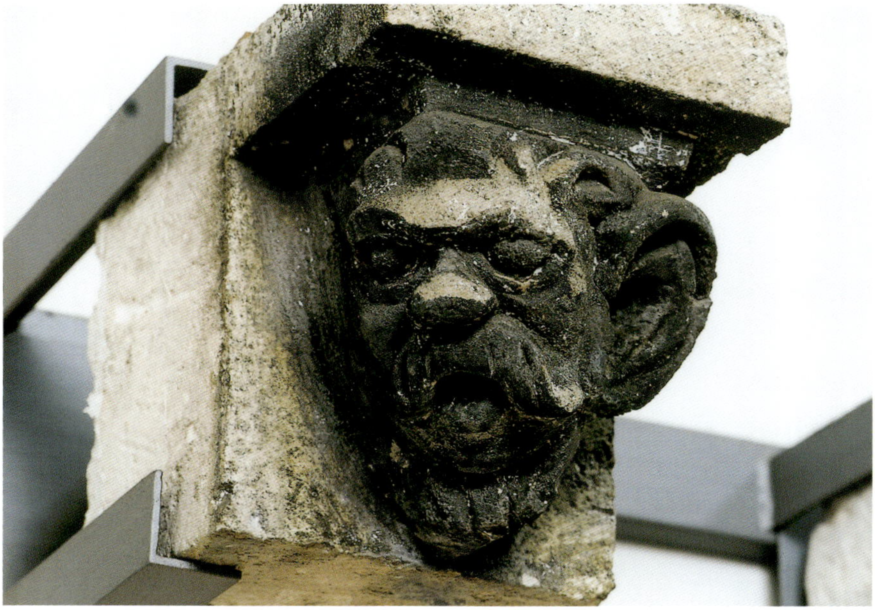

Sie hatten zwar Angst vor der Willkür der Obrigkeit, aber noch mehr Wut auf Bismarcks Pfaffenhaß. Sie, das waren die Vertreter der katholischen Kirche. Nur Kenner wußten jedoch, wo sie hinschauen mußten, um sich über deren unverblümten Hohn zu amüsieren. Nämlich auf die romanische Westfassade der Pfarrkirche St. Andreas in Köln. Genauer, zu den Konsolen des Rundbogenfrieses hoch über dem zweiten Obergeschoß. Dort ist der Reichskanzler verewigt – als großer Lauscher vor dem Herrn.

Im Jahr 1871 entbrannte der sogenannte Kulturkampf, ein heftiges, acht Jahre währendes Ringen zwischen dem Vatikan und dem Deutschen Reich um die Stellung der päpstlichen Autorität. Rom versuchte mit allen Mitteln, seinen ultramontanen Katholizismus durchzusetzen, Bismarcks politische Antwort war dementsprechend rigoros. Für den Preußen galten die politisch aktiven Katholiken als Reichsfeinde, die den Zielen des jungen, protestantischen Kaiserreiches gefährlich schienen. So erließ Bismarck eine Reihe von Gesetzen, welche die Geistlichen in ihren Ämtern stark einschränkten und sorgte für große Entrüstung.

Den Anfang machte 1871 der „Kanzelparagraph“. Allen Geistlichen wurde es unter Strafandrohung verboten, in Ausführung ihres Amtes, also in Predigten, staatliche Angelegenheiten „in einer den öffentlichen Frieden störenden Weise“ zu behandeln. Der obrigkeitlichen Willkür war ungebremst der Weg gebahnt. Weitere Gesetze folgten. So wurde der Jesuitenorden verboten, die Schulaufsicht dem Staat unterstellt und die Zivilehe für allein gültig erklärt.

Erbittert wehrten sich die Geistlichen gegen die kirchenfeindlichen Gesetze. In Preußen waren sogar zeitweise alle Bistümer verwaist. In Köln kam es 1875 zum Eklat. Als sich Erzbischof Paulus Melcher weigerte, hohe Geldbußen zu bezahlen, konnte er sich nur durch Flucht nach Holland einer erzwungenen Amtsenthebung entziehen.

Zwischen dem erzbischöflichen Palast und dem Kölner Dom gelegen, war die Pfarrkirche St. Andreas von politischen Brennpunkten umgeben. Um die Ecke befand sich die Kneipe „Ewige Lampe“, wo sich der politische Widerstand traf, wenige Straßen weiter hatten die Preußen ihre Polizeihauptwache eingerichtet.

In Köln lebten auch die Brüder August und Peter Reichensperger, die 1870 die Zentrumspartei mitbegründet hatten. Das Zentrum, das starken Zulauf hatte, wurde von Bismarck als gefährliches Sprachrohr des politischen Katholizismus betrachtet. In die Hochphase des Kulturkampfes fiel 1876 die Restaurierung der Westfassade von St. Andreas. Die Versuchung war groß und die Gelegenheit günstig. Und so werden die unbequemen Brüder Reichensperger gemeinsam mit dem Pfarrer von St. Andreas als die Urheber für die Verspottung des „Eisernen Kanzlers“ vermutet. Wer also seinen Blick schärft und sich die Konsolen des Bogenfrieses anschaut, sieht in der Mitte zwei steinerne Narrenköpfe, die sich gut gelaunt unterhalten. Bekanntlich sind Narren

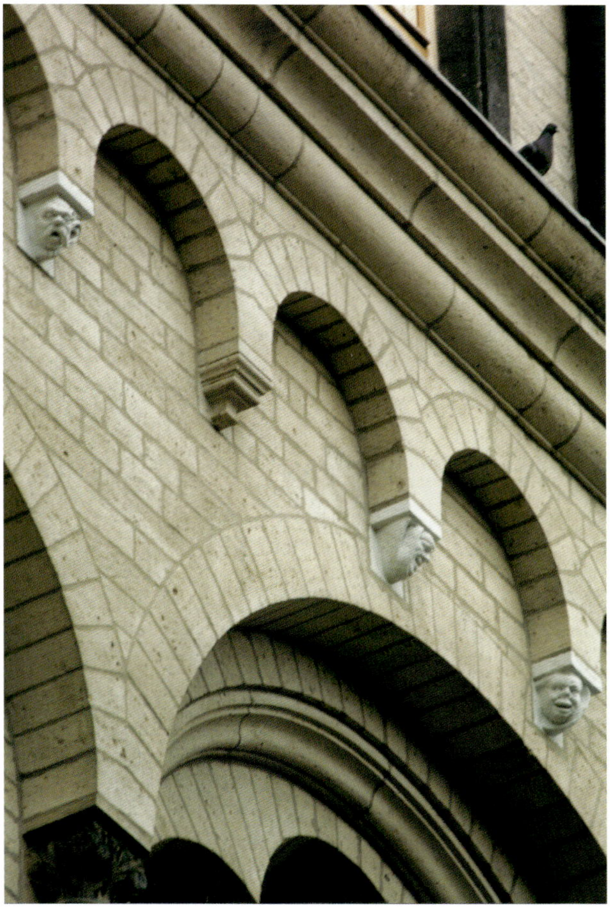

Bismarck neben zwei steinernen Narrenköpfen, Kopien an der Westfassade

die einzigen, die ungestraft die Wahrheit sagen dürfen. Links von den beiden, den Kopf abgewendet, lauscht Reichskanzler Otto Fürst von Bismarck höchstpersönlich.

Mit einem übergroßen Ohr ausgestattet, vernimmt er die Ungehörigkeiten seiner Untertanen. Seinem

Mund scheint ein empörtes „Oha" zu entgleiten. Nicht gerade zimperlich, karikieren die Kritiker Bismarcks Gesichtszüge: die große Knollennase, die schweren Tränensäcke, den mächtigen Schnauzbart und die drei Haare, die über die stattliche Glatze gelegt sind. Mit Bedacht haben die kirchlichen Spötter einen so unauffälligen Platz gewählt, denn der Zorn des Preußen war gefürchtet. Dennoch erfüllte sich vor dem Gotteshaus sicher mancher Blick gen Himmel mit kaum verhaltener Heiterkeit.

Westfassade der Pfarrkirche St. Andreas in Köln

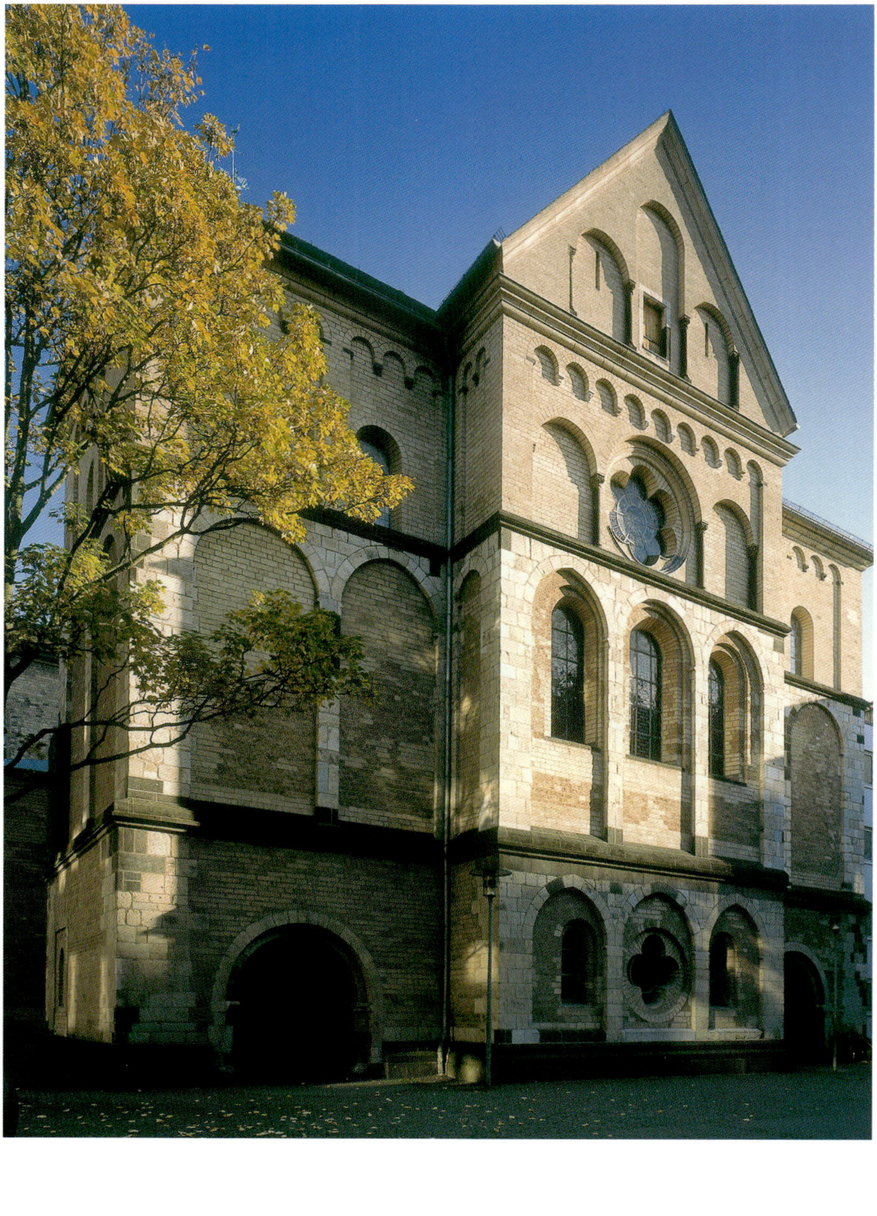

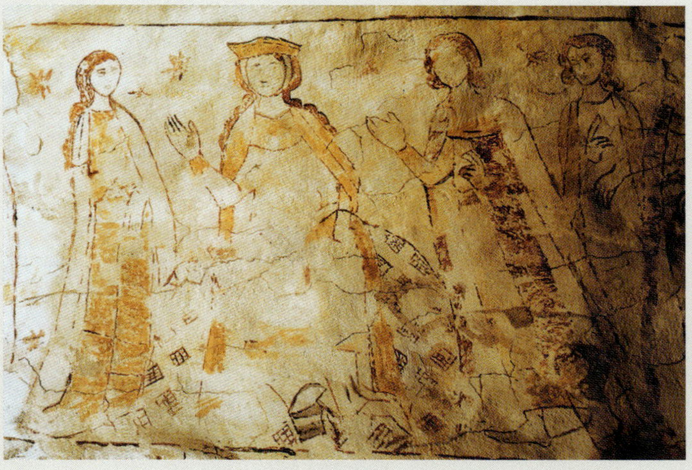

Von bildlichen Botschaften

Ob eine Botschaft ihren Empfänger auch erreicht, hängt bekanntlich nicht nur vom Inhalt ab. So nimmt es kein Wunder, daß schon in früheren Jahrhunderten zahlreiche Künstler literarische Vorlagen in Farben und Formen umsetzten. Da vermag ein einzelnes Altarbild den doch recht abstrakten Gedanken der Fleischwerdung des Wortes zu veranschaulichen. Genauso wie die Schrift gilt es die Bilder jedoch auch lesen zu können, um ihre symbolische Aussage zu entschlüsseln. Die schmückende Wirkung von Pflanzen aus Kräuterbüchern, von gemalten Episoden aus der mittelalterlichen Minneliteratur und Artusdichtung oder von Szenen aus einem philosophischen Roman wiederum macht die Grenze zur Dekoration fließend.

Die Mühle, die Bibelsprüche zermahlt

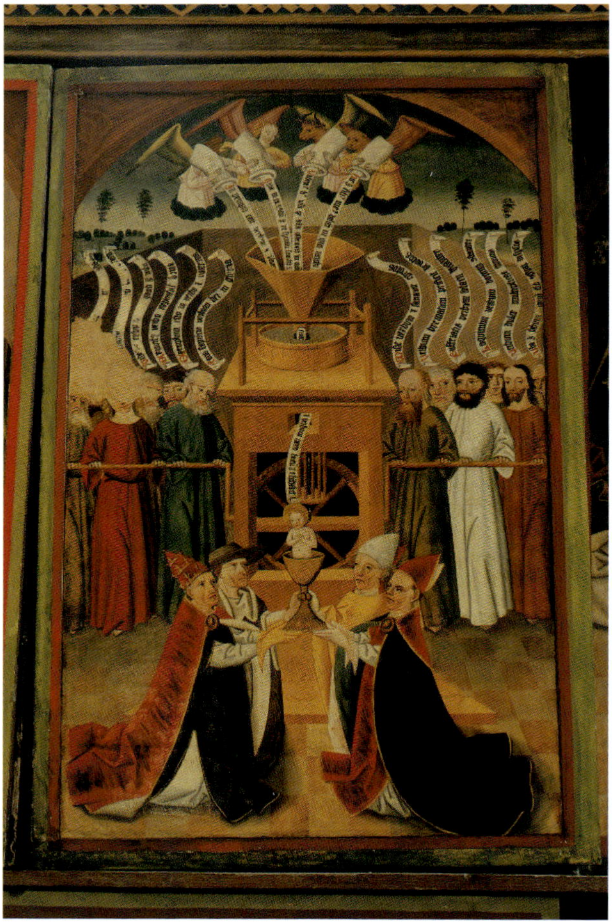

Motiv der eucharistischen Mühle, das die Fleischwerdung des Wortes veranschaulicht

Sieben Kilometer südlich von Bad Doberan in Mecklenburg liegt der Ort Retschow. Die mittelalterliche Dorfkirche birgt ein kunsthistorisches Kleinod: einen spätgotischen Flügelaltar, entstanden um 1480, mit einem ausgefallenen Motiv. Wie ein Bilderbuch eröffnet das Umklappen der Flügel, die sogenannte erste Wandlung, die Sicht auf vier großformatige Tafelmalereien: neben der Messe des *Heiligen Gregor*, der *Heiligen Sippe* und der *Verkündigung* findet sich eine außergewöhnliche und seltene Darstellung: die *Eucharistische Mühle*.

In der oberen Bildzone erkennt man die vier Evangelisten, die aus großen, weißen Säcken „Zitate" aus der *Heiligen Schrift* in den Mühlentrichter schütten: Sie verkünden die Botschaft von der Menschwerdung des Wortes. Anschaulich ist die Architektur der Mühle wiedergegeben. Zu ihren beiden Seiten stehen, durch lateinische Spruchbänder gekennzeichnet, die Apostel. Je drei von ihnen bedienen eine lange Welle, die das Mahlwerk der Mühle antreibt: Sie verbreiten die Kunde der Evangelisten in alle Welt.

Am Ende des Mahlgangs kommt die Gestalt des Jesuskindes aus der Mühle hervor. Die vier Kirchenväter, die im Vordergrund knien, fangen es in einem Kelch auf: Sie nehmen sozusagen die himmlische Verheißung entgegen.

Die Mühle, die der Herstellung des Grundnahrungsmittels Brot dient, weist auf die existentielle Bedeutung der dargestellten Lehre hin. Die Mühle versinnbildlicht zugleich Christus selbst: Durch den Mahlgang wird das Wort Fleisch (Inkarnationsgedanke), aus dem Mahlgang kommt das Brot des Lebens (Eucharistiegedanke), und im Mahlgang wird Christus geopfert (Passionsgedanke).

Außer dem mit finanzieller Unterstützung der Deutschen Stiftung Denkmalschutz restaurierten Altar von Retschow gibt es in Mecklenburg-Vorpommern drei weitere spätgotische Altäre mit Darstellungen einer eucharistischen Mühle. Die älteste Abbildung im Münster von Bad Doberan wird ins erste Viertel des 15. Jahrhunderts datiert. Auf dem Hochaltar der Thomaskirche in Tribsees und in der Zisterzienserkirche zum Heiligen Kreuz in Rostock, heute Universitätskirche, lassen sich ebenso Mühlendarstellungen entdecken. Man nimmt an, daß das Motiv der eucharistischen Mühle in Mecklenburg durch die Zisterzienser eingeführt wurde und daß auch seine weitere Verbreitung mit dem Orden in Zusammenhang steht.

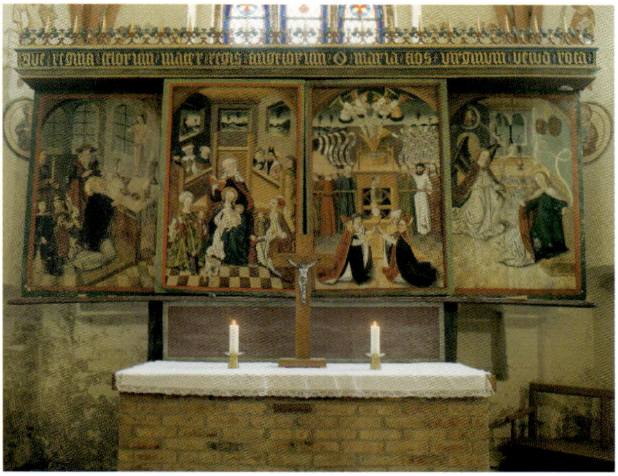

Spätgotischer Flügelaltar der Dorfkirche von Retschow in der Gesamtansicht

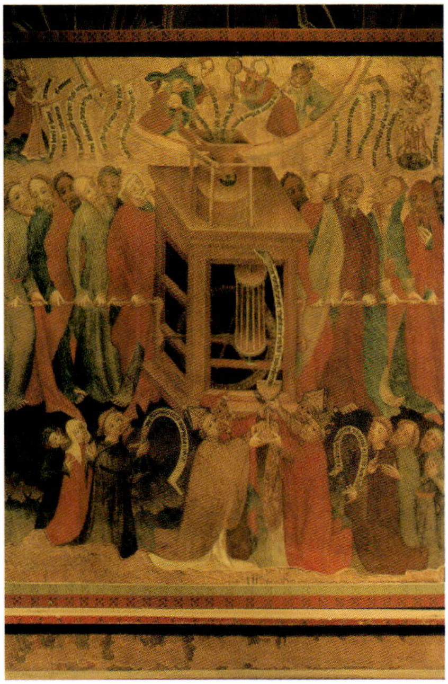

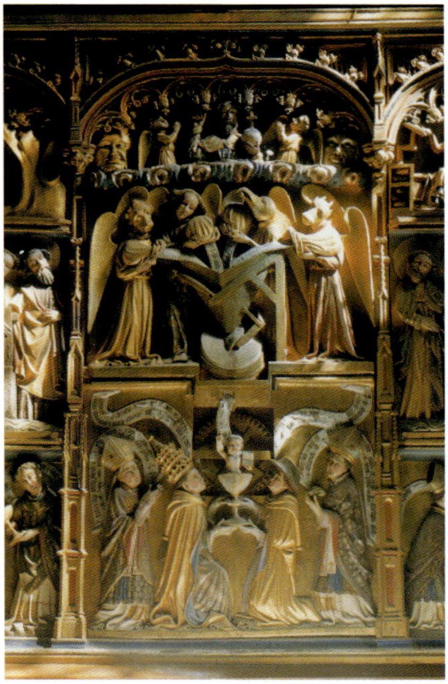

Mühlenaltäre im Münster von Bad Doberan (links) und in der Thomaskirche von Tribsees (rechts)

Heilung aus dem Himmelsgarten

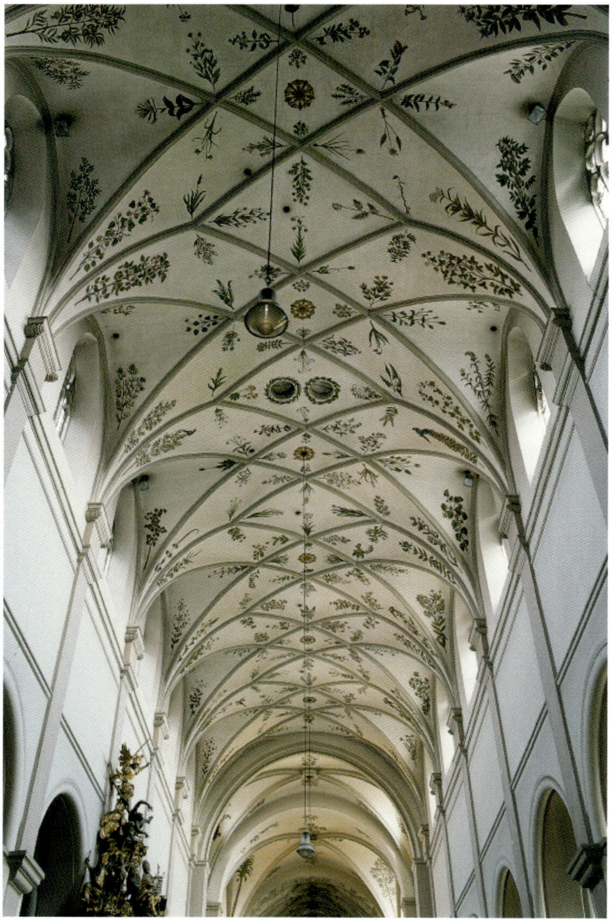

Gemaltes Kräuterbuch im Gewölbe

Ein alter Volksglaube sagt, wer den niedrigen Gang unter der Tumba des Heiligen Otto hindurchschlüpft, werde von seinen Rückenschmerzen befreit. Darüber wird Abt Johann Molitor (1593–1627) vom Kloster St. Michael in Bamberg nachsichtig geschmunzelt haben. Ihn, den gebildeten Renaissance-Menschen, interessierte vielmehr die wiederentdeckte Wissenschaft von den Pflanzen und Kräutern, die als Heilmittel immer größere Anerkennung fanden.

Im Jahr 1614 gab Abt Johann seiner Leidenschaft für die Pflanzenkunde weithin sichtbaren Ausdruck. Er ließ nach einem verheerenden Kirchenbrand das wiedererrichtete Rautengewölbe der Klosterkirche mit Kräutern, Blumen und Stauden zu einem einmaligen Himmelsgarten gestalten. Die Blumen und Kräuter wirken so echt, daß man meint, ihren Duft zu verspüren.

Wer sich in der Botanik auskennt und keine Angst vor Nackenschmerzen hat, kann 578 verschiedene Pflanzenarten an der Decke der Bamberger Michaelskirche studieren. Die Pflanzen sind so detailgetreu wiedergegeben, als hätten die naturwissenschaftlichen Kräuterbücher aus der Klosterbibliothek die Vorlage gebildet. Nicht nur Heilpflanzen sind dargestellt, sondern auch viele Gewächse, die man damals den Zierpflanzen zurechnete. Auffällig ist dabei die große Zahl der Pflanzen amerikanischer Herkunft, die zumeist erst gegen Ende des 16. Jahrhunderts bei

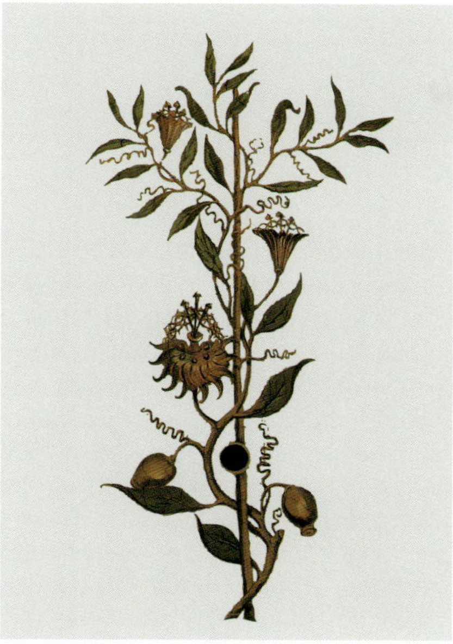

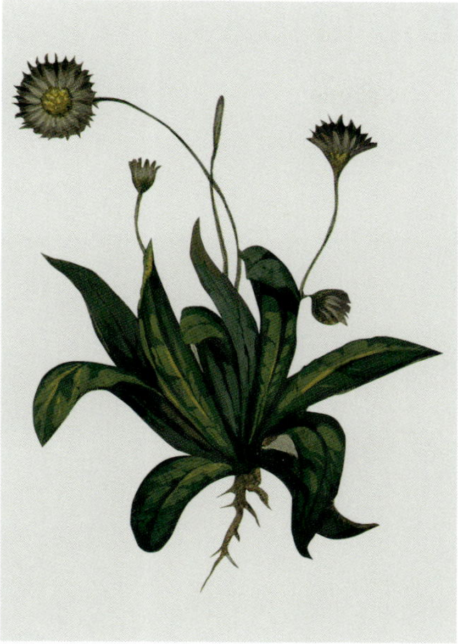

Passionsblume, Erinnerung an den Opfertod Christi (links); Gänseblümchen, Verkörperung der schlichten Demut Mariens (rechts)

uns heimisch wurden, wie zum Beispiel Paprika, Mais oder Tabak.

In diesem so seltsam lieblichen Himmelsgarten nippen Vögel am süßen Nektar der Blüten, als sei er ein Vorgeschmack des Paradieses. Aber der himmlische Garten könnte noch viel mehr erzählen, wenn man sich heute noch auf die Sprache der Blumen verstünde. Auch der Forschung gelang es bisher nicht, das ikonographische Programm der Blumenpracht vollständig zu entschlüsseln. In der Vierung gleichwohl ist die symbolische Aussage deutlicher. Sechzehn Pflanzen gruppieren sich im Chorscheitel um das Christuszeichen. Sie verweisen entweder durch ihre Herkunft direkt auf das Heilige Land oder traditionell auf die Passion Christi. So erinnert der stachlige Feigenkaktus an die Dornenkrone und der rote Saft der Kirschen wie auch der Maulbeeren an das vergossene Blut Christi. An den Sündenfall gemahnen Apfel und – man staune – die Pampelmuse, hieß sie doch früher „Adamsapfel".

Auch Farben oder Zahlen spielen eine wichtige Rolle bei der theologischen Botschaft. Die aus Amerika stammende Passionsblume erhielt ihren Namen wegen der in ihrer Blüte auftretenden dreifachen Narbe, der fünf Staubblätter und der zehn Blütenblätter, die an die drei Kreuzesnägel, die fünf Wunden Christi und die zehn treuen Apostel erinnern. In ihren Ranken sah man die Geißelschnüre, in der gezackten Nebenkrone die Dornenkrone und in ihren Blättern die Hände der Häscher.

Endlos ließen sich bei allen Pflanzen die Deutungen fortsetzen. Was auch immer seine Beweggründe ausmachte, Abt Johann Molitors exotischen Himmelsgarten kann man heute noch bewundern, wohingegen die blühenden Gärten seiner Zeitgenossen schon längst den Weg alles Irdischen gegangen sind.

Die lustigen Weiber

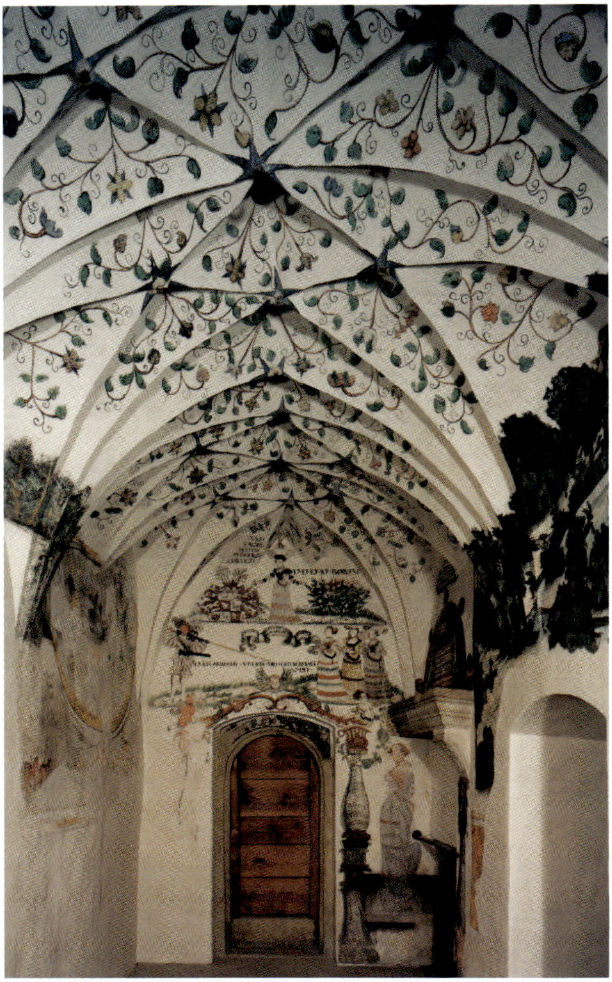

Aus Anlaß der Hochzeit des Hans von Schlienitz 1532 ausgemaltes Erkerzimmer

Wer in der Trinkstube von Schloß Strehla, diesem nur 6,50 Meter mal 2,30 Meter großen und 3,40 Meter hohen gewölbten Raum steht, muß angesichts der Schönheit der Malerei die Luft anhalten. Das kleine Erkerzimmer im südwestlichen Turm des fünf Kilometer nördlich von Riesa an der Elbe gelegenen Renaissanceschlosses hat zwei Türen, ist somit ein Durchgangszimmer. Eine der beiden Türen führt unmittelbar zum Speisesaal, hinter dem sich der Rittersaal – heute Ruine – anschließt. Eine sinnvolle Raumfolge: Nach dem Essen im geräumigen Speisesaal konnte man sich in kleinerer Runde in die behagliche, durch einen Kamin beheizbare Trinkstube zurückziehen.

Solche kleinen Räume sind selten überliefert. Die Philologen nennen sie „Neidhartstuben", weil sie im 14. Jahrhundert nach Episoden der Lieder des Minnedichters Neidhart ausgemalt wurden. Aus den dargestellten Themen schließt man, daß die Einrichtung von Trinkstuben auf Burgen anläßlich von Hochzeiten erfolgte. Die Strehlaer Trinkstube entstand erst zweihundert Jahre nach den bisher bekannten Räumen. Es handelt sich um die einzige nachgewiesene Trinkstube der Renaissance.

Über dem Kamin ist um zwei rote, verschlungene Herzen zu lesen, wer den kleinen Raum so prächtig ausmalen ließ. Übersetzt aus dem Ostmitteldeutschen: „1532. Frisch dran und unverzagt. Hans von Schlienitz zu Pagewitz." Anlaß war also die Hochzeit des Hans von Schlienitz 1532. „Frisch dran und unverzagt" ist wahrscheinlich das Wappenmotto der Familie. Darunter steht ein Spruch, der übersetzt lautet: „Wo der Herr die Stadt nicht behütet, wacht der Wächter umsonst. Ps. 127." Dieser Psalmenvers spielt auf die jahrhundertealte Funktion der Strehlaer Burg an, die zur Grenzbefestigung der Elbe gehörte.

Weitere Informationen über den Auftraggeber gibt die Darstellung der Personen. Rechts vom Betrachter befinden sich drei Damen, an denen die zeittypische sächsische Renaissance-Mode gut erkennbar ist. Zu den langen weiten Röcken tragen sie ein geschnürtes Mieder, unter dem das Hemd hindurchschaut. Die aufwendig gearbeiteten Ärmel wurden damals nicht angenäht, sondern nur angesteckt, damit wenige Gewänder mit einer Anzahl auswechselbarer Ärmel variiert werden konnten. Zu den ausgeschnittenen Kleidern gehörten – je nach Geldbeutel – eine oder mehrere schwere Goldketten. Statt einer Handtasche trugen die Renaissance-Damen alles Wesentliche am Gürtel, der bis auf die Hüften herabhing. Dort baumelten entweder kleine Beutel (die *Aumonières*), Spiegel, Schmuck, Glöckchen oder kleine Messer. Als Kopfbedeckung waren Barette in Mode, aber kein Muß. Mehr zählte dagegen, daß die Stirn durch Rasur von Brauen und Haaransatz möglichst hoch erschien.

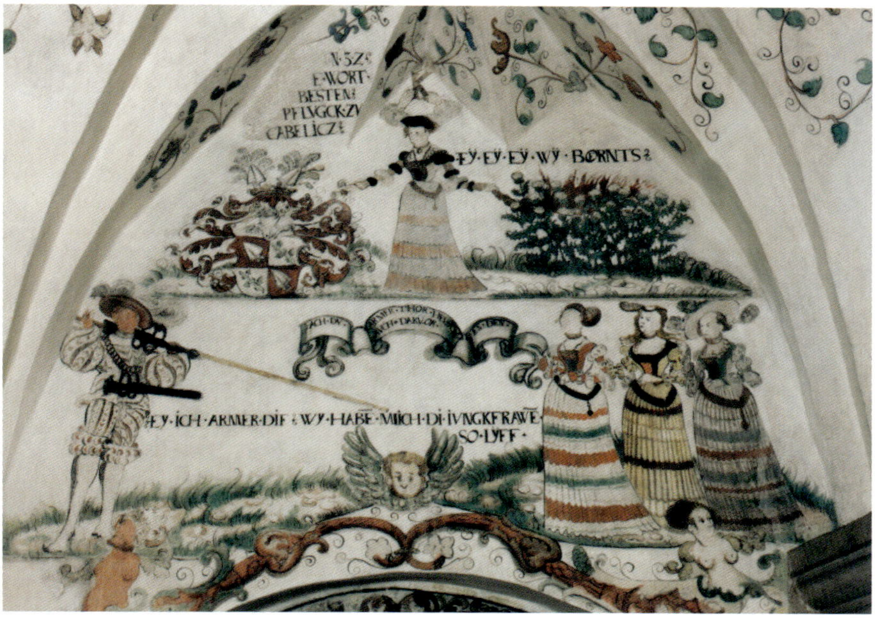

Damen in sächsischer Renaissance-Mode und Herr im „Minnekrieg"

Die Strehlaer Damen schauen zu einem wohlhabenden Herrn links vom Betrachter. Dieser Kriegsmann trägt zwei Schwerter: ein einfaches und ein weiteres, beidhändig zu führendes Schwert. Gekleidet ist der Herr in

Vermutlich an Lucas Cranach d. Ä. orientierte Darstellung der Hirschjagd

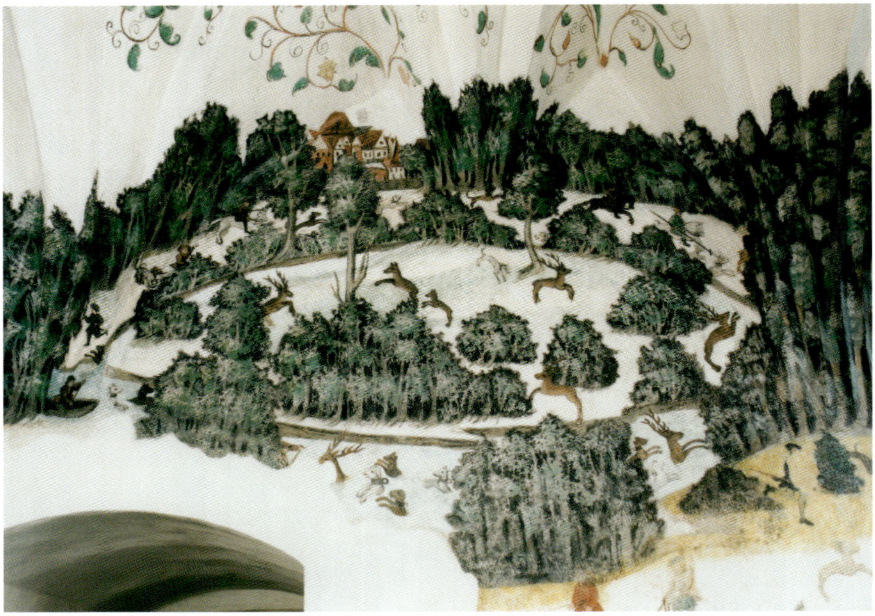

den damals modernen Strumpf- unter knielangen Pluderhosen. Sein Wams hat ebenso gebauschte Ärmel, und auf dem Kopf sitzt ein mit Federn reich verziertes Barett. Die beiden Schwerter sind Kriegswaffen, die 1532 in dieser Form nicht mehr benutzt wurden. Nur noch für die Jagd waren kürzere Lanzen mit Widerhaken in Gebrauch. Diese altmodischen Waffen sollen darauf hinweisen, daß sich der Herr im „Minnekrieg“ befindet und sich in den Augen der Angebeteten durch kühne Taten bewähren muß. Mit der Minne wählte der Auftraggeber ein höfisches und traditionelles Thema, das hier burlesk und humorvoll behandelt wird.

Die Jagd – sei es auf Hirsche oder auf die Minne – paßt inhaltlich gut zum Anlaß der Hochzeit und zur Aufgabe der Trinkstube. Man kann sich leicht vorstellen, wie die Herren in weinseliger Runde hier saßen und in vergangenen Heldentaten schwelgten. Zu dem Dreiergrüppchen gewandt, kokettiert der Herr – möglicherweise der Bräutigam: „Ei, ich armer Dieb, wie haben mich die Jungfrauen so lieb!“ Warum er sich als Dieb bezeichnet? Gemeint ist der „Minnedieb“, der den adligen Damen die Minne, die höfische Liebe, stiehlt. Die schlagfertige Antwort der drei auf den selbstgefälligen Ausruf des Herzensbrechers ist in dem verschlungenen Spruchband zu lesen: „Ach du armer Tor, hältst du es denn auch davor“, im Sinne von: „Kannst du armer Tor denn auch halten, was du versprichst, wenn du dich schon so provozierend vor uns stellst?“

Die Zeiten, in denen der kecke „Minnedieb“ bei den Damen seines Standes erfolgreich war, scheinen 1532 mit der Hochzeit vorbei gewesen zu sein. Denn über der Szene entzündet eine andere Dame – wohl die Braut – neben dem Wappen derer von Pflugk einen Distelstrauch. Sie ruft ihm zu: „Ei, ei, ei, wie brennts!" Jeder damalige Betrachter wußte, daß sie das Feuer der Liebe entbrennen ließ. Warum zwei schwebende Hände über dem Kopf der Dame ein „K" halten, weiß man nicht. Es könnte das Initial ihres Vornamens sein, da die Minnedichter gern mit den Buchstaben des Namens spielten.

Abgesehen davon, daß diese Trinkstube eine Rarität darstellt, ist die Nähe der Malereien zu Lucas Cranach d. Ä. nicht zu übersehen. Es ist durchaus möglich, daß sich der oder die in Strehla tätigen Maler an den Werken Lucas Cranachs orientierten, denn dieser arbeitete zu gleicher Zeit im nur 35 Kilometer nördlich von Strehla gelegenen Elbschloß Hartenfels in Torgau. Von Cranach wissen wir, daß er mit seinen Söhnen und Angestellten einige Schlösser an der Elbe ausmalte, beziehungsweise dafür sogenannte Tüchlein anfertigte: bemalte Stoffbahnen, die man als Dekoration vor die Wände spannte. Besonders beliebt waren Darstellungen der Hirschjagd, die uns von ihm jedoch nur in kopierten Zeichnungen und bruchstückhaft überliefert sind. Die

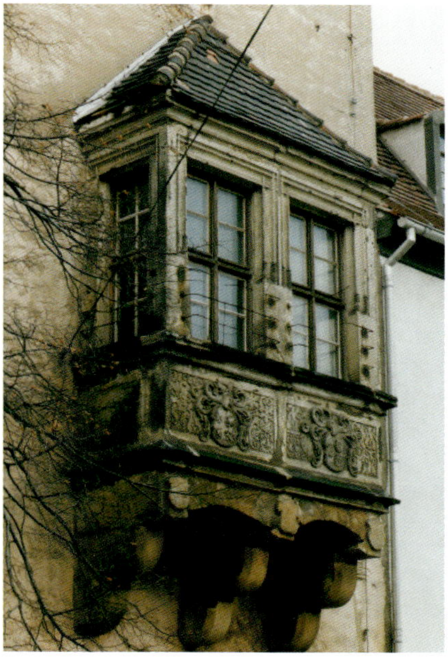

Außenansicht des Erkers

Strehlaer Trinkstube zeigt eine solche Jagd als Wandmalerei. Obwohl nicht vollständig erhalten und großenteils später übermalt, ist seit der von der Deutschen Stiftung Denkmalschutz geförderten Restaurierung wieder die Gesamtkomposition ablesbar, deren Bildaufbau an Cranachs Jagdbilder angelehnt scheint.

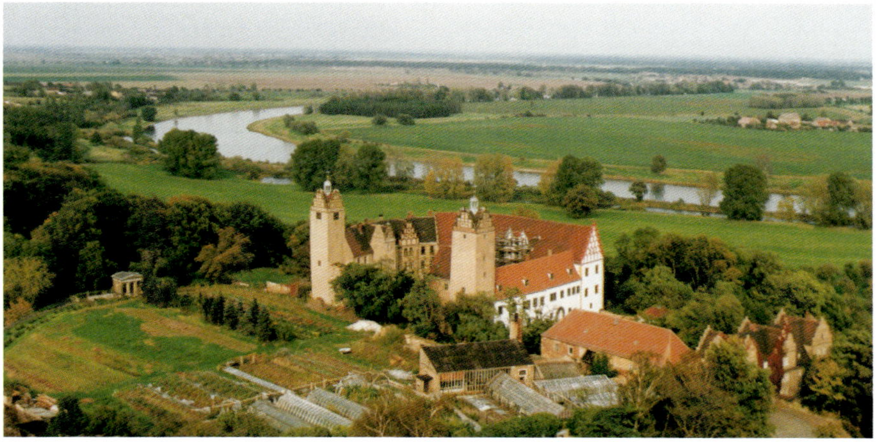

Gesamtansicht des Renaissanceschlosses

Der Leichtfuß und die Königin

„Das Eheversprechen“, Szene aus dem Iwein-Zyklus

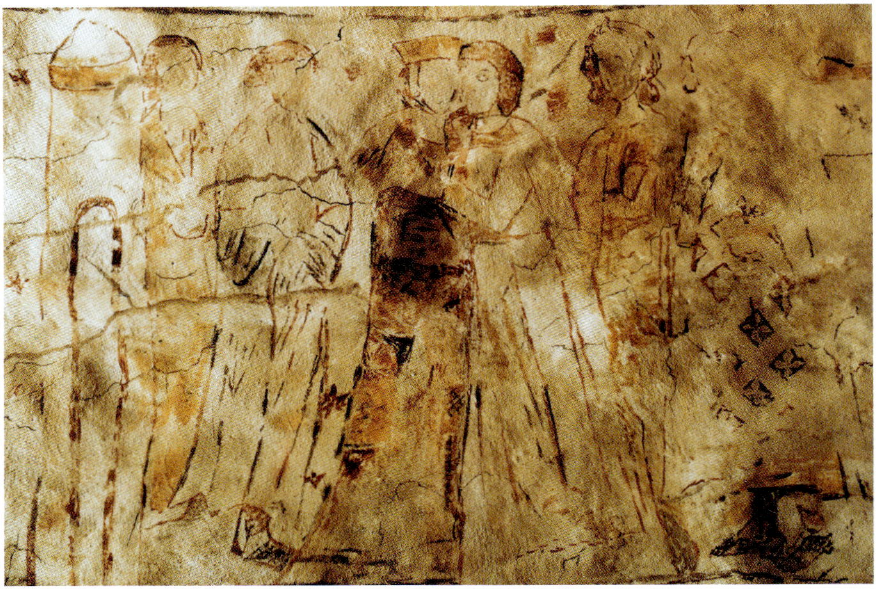

Was hat der „Hessenhof“ in Schmalkalden mit den Höhlen im französischen Lascaux gemeinsam? Beide nennen hochbedeutende Wandmalereien ihr eigen: steinzeitliche Höhlenmalereien dort, die ältesten bekannten Profanmalereien Deutschlands hier. Und an beiden Orten haben die verantwortlichen Denkmalpfleger aufwendige, in ihrer Art einmalige 1:1-Kopien von den Räumen anfertigen lassen, um die stark gefährdeten Kunstschätze zu retten, ohne sie der Öffentlichkeit vorenthalten zu müssen.

Im Jahr 1203 war Schmalkalden durch die unglückliche Bündnispolitik des Landgrafen Hermann I. von Thüringen im Krieg zwischen Staufern und Welfen zerstört worden. Doch da der Marktflecken dank seiner günstigen Lage an alten Handelswegen und wegen seiner großen Erzvorkommen eine vielversprechende Zukunft hatte, wurde der Ort nicht nur zügig wieder-aufgebaut, sondern auch erweitert. Weil er in einem Talkessel zwischen den Flüssen Schmalkalde und Stille liegt, hatte man den neuen Ortsteil in einem Feuchtgebiet der Schmalkalde bauen müssen.

Am sogenannten Neuen Markt wurde 1203 als eines der ersten Gebäude die Vogtei, der Amtssitz der thüringischen Landgrafen, errichtet. Mehrmals fanden Umbauten des großen Gebäudes statt. Seit 1360 heißt es „Hessenhof“, da ab diesem Jahr die Landgrafen von Hessen gemeinsam mit den Grafen von Henneberg regierten. Die Wandmalereien im „Hessenhof“, welche die Sage vom edlen Ritter Iwein erzählen, entstanden zwischen 1220 und 1230.

Bis etwa 1550 erhöhte sich durch Schwemmsand das Bodenniveau im Bereich des Neuen Marktes um rund 1,60 Meter. Damit lag der ehemals ebenerdige, tonnengewölbte Raum mit den sogenannten Iwein-Fresken im feuchten Keller. Seit ihrer Entdeckung im Jahr 1860 konnte nicht verhindert werden, daß die Malereien aufgrund der starken Feuchtigkeit immer weiter verblaßten.

Erst ab 1970 legten die Denkmalpfleger mittels Drainagen und anderer moderner Techniken den Raum trocken. Leider sind die Wandmalereien so empfindlich, daß der kleine Raum für die Öffentlichkeit geschlossen werden mußte. So entschieden das Land Thüringen und die Stadt Schmalkalden, die bereits 1983 geborene Idee umzusetzen, eine mit dem Raum völlig identische Kopie anzufertigen. Seit 1996 kann in einem großen Kellergewölbe von Schloß Wilhelmsburg in Schmalkalden die Kopie des Tonnengewölbes mit dem Iwein-Zyklus besichtigt werden.

Auf sechs Streifen am Gewölbe und einem großen Hauptbild an einer Stirnwand wird in 26 Szenen die Sage von Ritter Iwein erzählt. Weitere Darstellungen sind verlorengegangen. Die Bildstreifen sind zwischen 70 und 86 Zentimetern breit. Ihre einzelnen Szenen werden durch Bäume oder Türme getrennt. Für diejenigen, die nicht so vertraut waren mit der Geschichte des Helden, hat der unbekannte Künstler die Namen der handelnden Personen in einem schmalen Streifen darunter geschrieben.

Trotz der zarten Konturen und der verblaßten, einstmals kräftigen Erdtöne ist es ein Erlebnis, eine Geschichte aus der berühmten Artussage zu betrach-

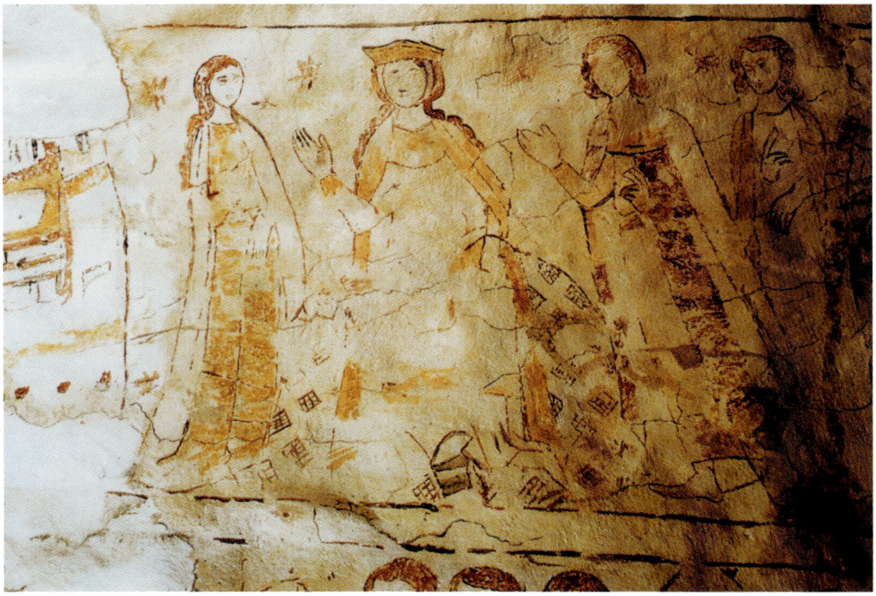

Beratung Laudines (Mitte) mit ihrer Zofe und den Würdenträgern ihres Landes

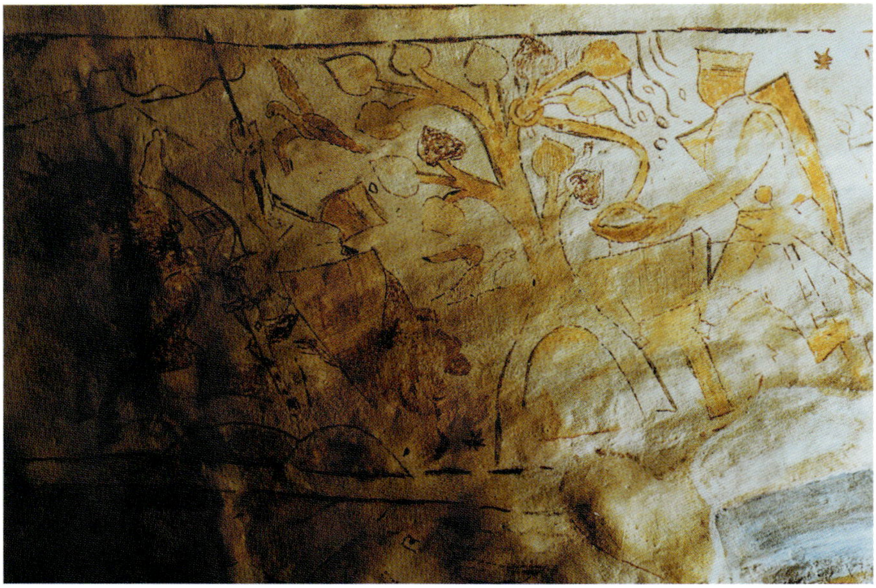

König Artus am Zauberbrunnen, links davon vom Pferd gestochener Ritter Key

ten. Ihre Romanvorlage war in jener Zeit der Minneverehrung bei der höfischen Gesellschaft das, was man heute einen Bestseller nennt. Doch wer kennt noch das um 1200 von Hartmann von Aue (etwa 1160-1210) gedichtete Epos von Iwein, dem tapferen Ritter mit dem Löwen?

Der Roman umfaßt insgesamt 8166 Verse und hat wie alle Heldenepen eine recht verwickelte Handlung. Hier der Versuch einer kurzen Zusammenfassung: Wie immer zu Pfingsten finden sich die Ritter der Tafelrunde am Hof von König Artus ein, um von ihren Abenteuern zu berichten. So bekommt Ritter Iwein die Geschichte vom Zauberbrunnen im Wald von Broceliande zu hören: Wer Mut und Tapferkeit beweisen wolle, der solle Wasser aus diesem Brunnen in eine Schale gießen. Dann bräche ein Unwetter hernieder und ein geheimnisvoller und angriffslustiger Herr des Brunnens, der Schwarze Ritter, erschiene plötzlich, um den Brunnen zu schützen.

König Artus selbst reizt dieses Abenteuer. Doch Iwein kommt ihm zuvor. Er findet den Zauberbrunnen, wird dort – wie angedroht – vom Schwarzen Ritter gestellt und liefert sich mit ihm einen heftigen Kampf. Schwer verwundet, flüchtet der Schwarze Ritter – es ist König Askalon – in seine Burg, wo er seinen Verletzungen erliegt. Iwein, der ihm nachsetzt, wird im Burgzwinger gefangen genommen. Doch die Zofe Lunete rettet ihn, indem sie ihm einen Ring gibt, der unsichtbar macht. Die listige Lunete rät Königin Laudine, die Iwein mit dem Tod Askalons zur Witwe gemacht hat, den tapferen Helden zum Wächter des herrenlosen Brunnens zu ernennen. So wird Iwein wider Willen mit einem Schlag Herrscher und Ehemann. Zum Glück mögen sich die Jungvermählten.

Iwein aber fehlt es an Kurzweil. Er will erneut Abenteuer bestehen.

Laudine läßt ihn unter dem Versprechen, auf den Tag genau in einem Jahr zurückzukehren, schweren Herzens ziehen. Iwein aber vergißt sein Gelöbnis. Seine Frau tut das, was man nicht nur damals in solchen Fällen tat: Sie verstößt ihn. Er verliert seine Ritterwürde. Selbst entsetzt über sein verantwortungsloses Handeln, irrt Iwein durch die Welt. Als er in einem Wald einem hilflosen Löwen im Kampf gegen ein Ungeheuer beisteht, hat Iwein einen Freund fürs Leben gefunden. Und noch mehr: Er ist nach dieser christlichen Tat wieder auf dem Weg zur höfischen Vollkommenheit. Am Ende siegen Treue, Glaube und Tapferkeit. Das Ehepaar versöhnt sich und regiert bis zum Ende seiner Tage als ideales Herrscherpaar.

Hartmann von Aues Roman vom ritterlichen Helden Iwein wurde ein Klassiker, denn er erfüllte alle Vorstellungen der höfischen Minne. Auf die adlige Gesellschaft des 12. und 13. Jahrhunderts, die darin ihr Ideal sah, wirkten dieses Werk und andere Ritterromane wie „poetische Handbücher der adeligen Gesellschaftskultur“. Einerseits orientierten sich die Dichter am Geschmack und an den Werten ihres adeligen Publikums, andererseits prägten sie mit ihren Heldenepen die Maßstäbe der höfischen Gesellschaft.

Ob ein Hof zum Hort der Literatur wurde oder nicht, hing vornehmlich von der Initiative der fürstlichen Auftraggeber ab. Dies läßt sich sehr deutlich in Thüringen verfolgen: Als Landgraf Hermann I. von Thüringen 1190 an die Macht kam, wurde sein Hof zum Mittelpunkt der Rezeption französischer Dichtung. Hermann rief den Minnedichter Heinrich von Veldeke nach Thüringen, damit er seinen Roman *Eneid*, der den höfischen Roman in Deutschland begründen sollte, an seinem Hof vollende, und der Landgraf machte Wolfram von Eschenbach mit der französischen Quelle seines *Willehalm* vertraut. Ob der thüringische Landgraf auch Kontakte zu Hartmann von Aue knüpfte, ist nicht bekannt.

Warum nun in Schmalkalden der Vogt gerade die Sage vom Ritter Iwein für die Ausgestaltung eines seiner Amtsräume wählte, ist ungeklärt. Geschaffen wurden die Malereien vermutlich während der Regierungszeit Ludwigs IV. von Thüringen und seiner jungen Frau, der heiligen Elisabeth. 1227 verabschiedete sich Ludwig von seinen Untertanen in Schmalkalden, um am Kreuzzug teilzunehmen. Doch kurz vor dem Aufbruch ins Heilige Land starb er. Vielleicht sollten die Iwein-Malereien seine Regierung verherrlichen, denn nach Hartmann von Aue war jeder Fürst und jeder König, von dem die höfische Dichtung erzählte, „der allertiureste man, der rîters namen ie gewan“, der allerwürdigste Mann, der Ritternamen je gewann.

Kopie des Raumes mit dem Iwein-Zyklus

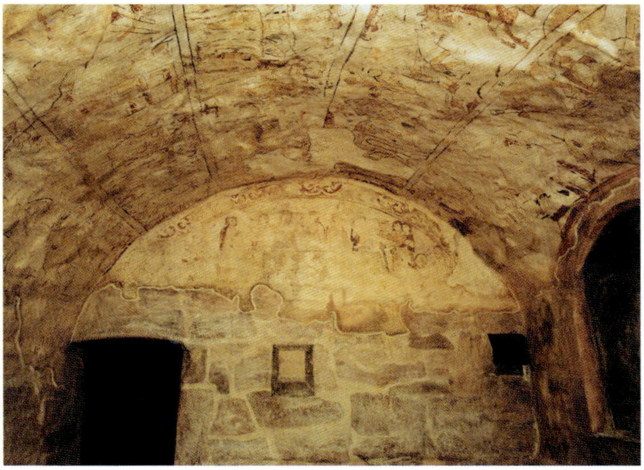

Die edlen Wilden

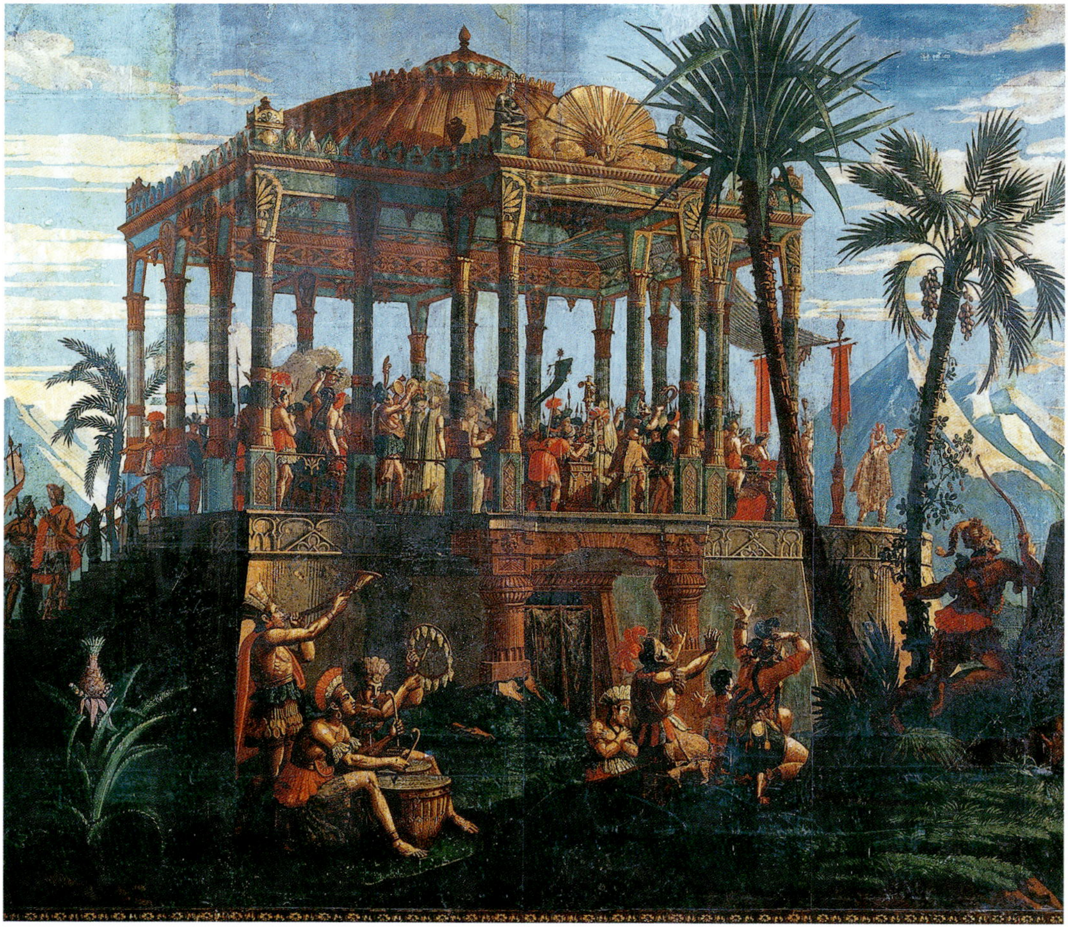

Sonnenfest im Tempel, Hauptmotiv

Eigentlich wollte Hans-Georg Koger 1988 den alten Festsaal des ehemaligen Gasthofes „Ochsen" in eine Wohnung umbauen. Da der „Ochsen" an der Dorfstraße 97 so wie das gesamte, hoch über dem Rheintal nahe Basel gelegene Dorf Ötlingen unter Denkmalschutz steht, bat er die Denkmalpfleger um Zusammenarbeit.

Man traf sich und diskutierte die denkmalpflegerischen Anforderungen. Da der Raum schon seit 1850 als Abstellraum diente und über den Pferdeställen lag, hatten Feuchtigkeit und

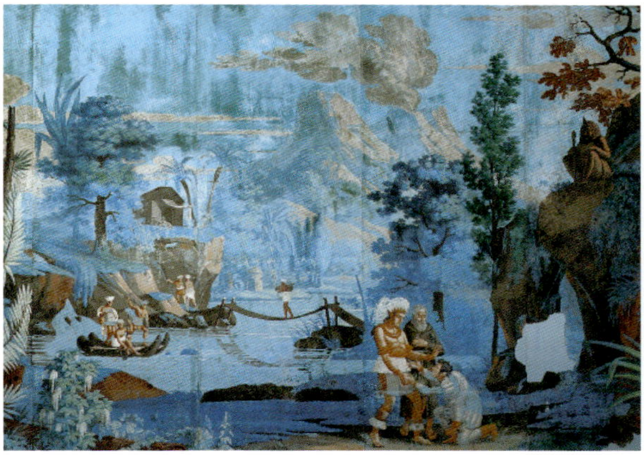

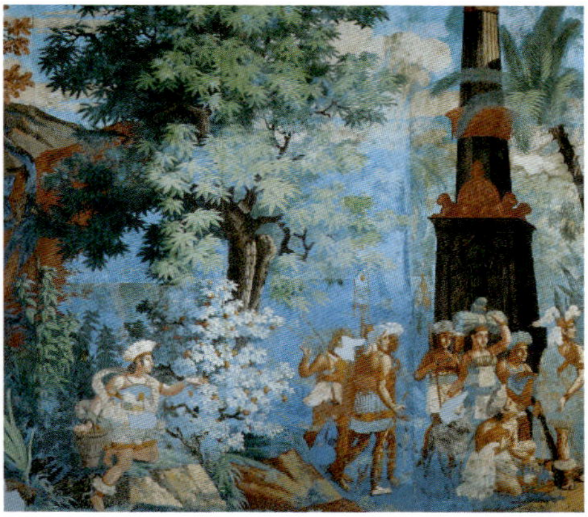

Der Missionar Las Casas, Beschützer der Einwohner Perus (links); Warten der Inkas auf den Spanier Pizarro (rechts)

ausblühende Salze das Mauerwerk stark beschädigt. Dabei wurde die in Fetzen herunterhängende Tapete zunächst nicht so recht wahrgenommen. Bis der Tapetenkenner des baden-württembergischen Landesdenkmalamtes, Professor Dr. Wolfgang Stopfel, die Tapete genauer untersuchte und vor Freude über den sensationellen Fund nur: „Sie ist es!" ausrufen konnte.

Stopfel entdeckte eine absolute Rarität: eine der berühmten französischen Panorama-Tapeten des frühen 19. Jahrhunderts, genannt *Die Inkas*, 1819 hergestellt bei der Pariser Manufaktur Dufour et Leroy. Die Papier-Tapete zeigt eine Bildfolge, die das Leben der Inkas vor der Eroberung und Zerstörung ihres Reiches durch den Konquistador Francisco Pizarro 1532 erzählt. Als Textvorlage für die Szenen diente der 1777 erschienene philosophische Roman *Les Incas, ou La déstruction de L'Empire du Pérou* von Jean-Francois Marmontel. Als Anhänger des aufgeklärten Humanismus schildert Marmontel ganz im Geist seiner Zeit das Ideal des edlen Wilden.

Dieser ist gütig, friedlich und vereint in sich alle guten Eigenschaften, die in der Natur des Menschen liegen – im Gegensatz zu den von den Errungenschaften der Zivilisation verdorbenen Europäern.

Panorama-Tapeten mit exotischen Themen wie *Die Inkas* waren im 19. Jahrhundert ein sehr beliebter Luxus, den sich nur wohlhabende Kunden leisten konnten. Die Manufakturen Dufour et Leroy und Zuber galten zwischen 1800 und 1860 als die bedeutendsten Hersteller von Bildtapeten. Von der Inka-Tapete gibt es weltweit nur noch elf Exemplare, meist Fragmente, wovon sich drei in Deutschland befinden. Daß die Ötlinger Inka-Tapete vollständig erhalten ist, gilt als außergewöhnlich, daß sie sich aber noch an jenen Wänden befindet, auf die sie tapeziert wurde, als ein Glücksfall ohnegleichen! In 24 Bahnen über drei Wände wurde die Bildfolge geklebt. Noch gab es keine Endlospapierrollen für den Tapetendruck. Dufours ärgster Konkurrent, die elsässische Manufaktur Zuber in Rixheim bei Mulhouse, führte sie erst 1829 ein. Also wurden die 53,5 Zentimeter breiten Bögen zu Bahnen aneinandergeklebt und grundiert. Dann druckte man in vielen Schritten die farblich fein abgestuften Motive mit 2112 hölzernen Druckstöcken und 83 Farben auf. Über

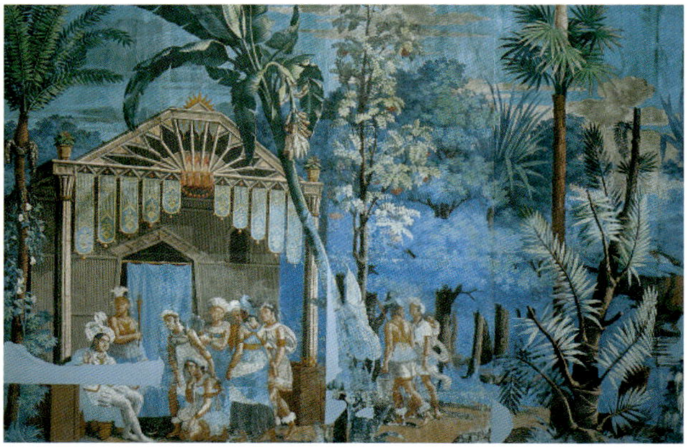

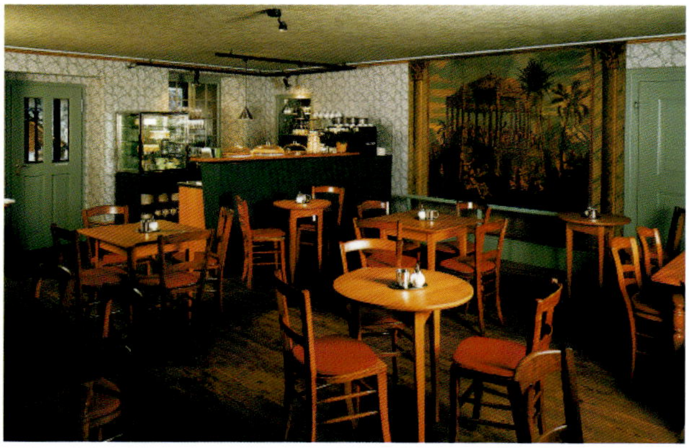

Eine Inka vor ihrem zukünftigen Mann, einem Spanier, kniend (oben); Innenansicht des „Café Inka" (unten)

ein halbes Jahr bereiteten Schnitzer die Druckstöcke vor. Da die Bahnen vertikal geklebt wurden, schmückte man sie mit viel Himmel, damit unterschiedliche Wandhöhen vollständig verziert werden konnten. Ebenso wurden die einzelnen Motive durch exotische Pflanzen getrennt, um die Bildfolgen beliebig variieren zu können. Alles in allem benötigte man rund drei Monate für den Druck.

1912 entrümpelte Emil Georg Koger, der Großvater des heutigen Besitzers, den alten Festsaal, um dort seine Hochzeit zu feiern. Ob zu diesem Zeitpunkt oder später Kunstmaler gebeten wurden, die angegriffene Tapete wieder instandzusetzen, ist nicht bekannt. Auf jeden Fall machten sich die unbekannten Maler mit Eifer an die Aufgabe und gaben der Tapete neue künstlerische Impulse. So übermalten sie auch einige Stellen und verwandelten etwa die südamerikanischen Tafelberge in Schweizer Alpen, was der Inka-Tapete keinen Abbruch tat, denn Szenerie und Architektur sind vornehmlich Phantasieschöpfungen.

Der Sinn für Kunst hat in der Familie Koger, seit 1830 Besitzer des Anwesens, Tradition. Schon immer wohnten bei ihnen Künstler zur Untermiete. Als Christine und Hans-Georg Koger hörten, welches Kleinod sich in ihrem Hause befand, beschlossen sie, die Inka-Tapete nicht nur zu erhalten, sondern auch an der ursprünglichen Stelle zu belassen und der Öffentlichkeit zugänglich zu machen. Kogers machten aus der schönen Not eine Tugend und gestalteten den Raum wieder zu dem, was er ursprünglich war: zu einer Gaststube. Allerdings gesteht Hans Georg Koger: „Wir brauchten sehr viel Vorstellungsvermögen und zweifelten in so manchen schlaflosen Nächten, ob die wertvolle Tapete zu retten sei. Denkmalschutz ist sehr wichtig, denn kein wirtschaftliches Interesse kann den Wert unseres kulturellen Erbes aufheben."

Drei Jahre hat die Restaurierung der Inka-Tapete gedauert. Eine große Herausforderung sowohl für die freien Restauratoren als auch für die Denkmalpfleger. Doch die ebenso behutsamen wie finanziell und technisch aufwendigen Maßnahmen haben sich gelohnt. Seit 1994 kann die Inka-Tapete in ihrer ganzen Pracht besichtigt werden. Die Besucher begeistert die exotische Welt der legendären Inkas so sehr, daß sie das strikte Rauchverbot im „Café Inka" nicht stört.

Tee, Glanz und Perlen

Wenn sich die Damen der werdauischen Gesellschaft im Jahr 1906 zum Tee in der Villa des Fabrikanten Gustav Bruno Vogel einfanden, kamen sie für gewöhnlich im Salon der Damen zusammen. Wie sehr mögen sie dort angesichts des funkelnden Glasperlenfensters den erlesenen Geschmack und die Modernität der Hausherrin bewundert haben.

Weit entfernt von den deutschen Zentren des *Art Nouveau*, Darmstadt und München, hatte sich Familie Vogel, die eine Spinnerei in der sächsischen Kleinstadt Werdau nahe Zwickau besaß, 1905 ein herrschaftliches Wohnhaus mit einem Interieur nach der neuesten Mode errichten lassen. Die Anregungen für ihre Jugendstilvilla verdankte die Hausherrin sicherlich den damals verbreiteten Zeitschriften zur Wohnkultur und zum Kunsthandwerk. So konnte sie auch in der Provinz immer *en vogue* sein. Wer den Vogels das in der Region einmalige, exquisite Glasperlenfenster entworfen und gefertigt hat, läßt sich leider nicht mehr feststellen. Die Damen der Gesellschaft jedenfalls trugen hier ihre Haarkämme aus Horn, Elfenbein oder Schildpatt und ihre mit Halbedelsteinen und Perlmutt verzierten Broschen zur Schau, wie sie seinerzeit in Paris René Lalique meisterhaft kreierte. Umhüllt vom Glanz ihres Modeschmucks und vom Glitzern des Fensters, dürften ihre Gesichter ganz besonders gestrahlt haben.

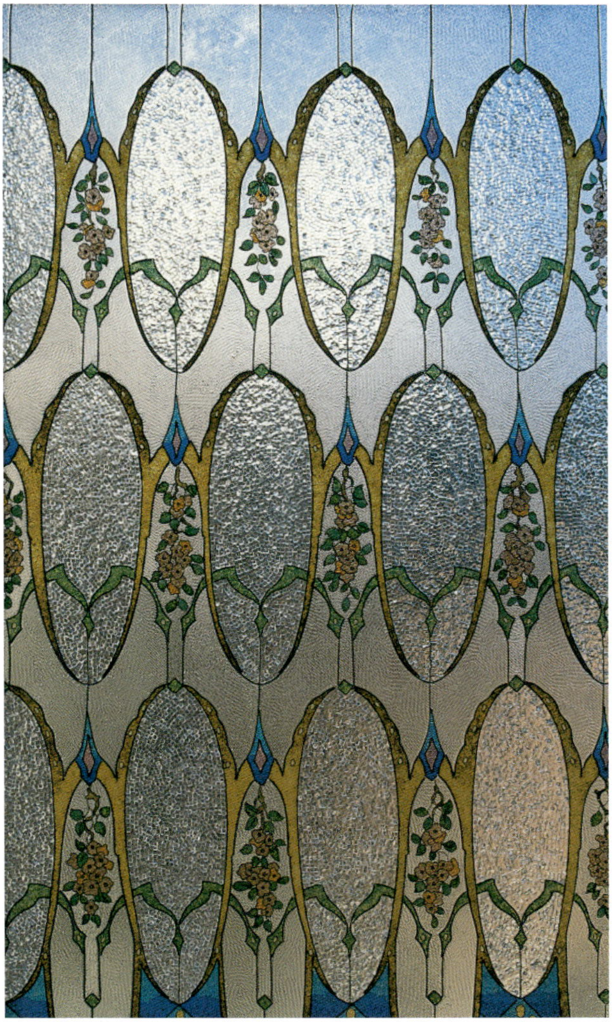

Glasperlenfenster, Ausschnitt des Hauptflügels

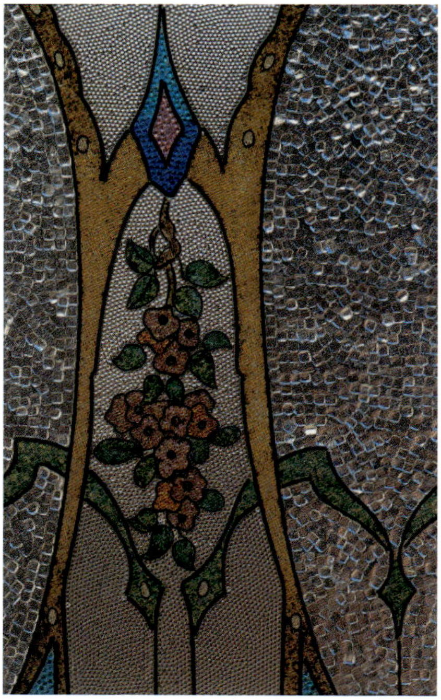

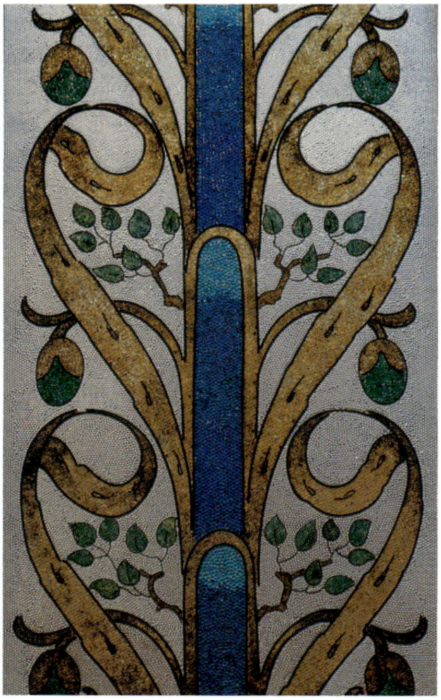

Reizvolle Oberflächenstruktur durch die unterschiedlich großen Glasperlen und das aus gemahlenen Glassplittern bestehende Blattwerk (links); Ausschnitt eines Seitenflügels des Glasperlenfensters (rechts)

Aber nicht nur ihre Epoche hatte ein Faible für das Einfallsreiche und Ausgefallene. Schon im Mittelalter gab es ungewöhnliche Veredelungsmethoden bei Glasfenstern, die zu jener Zeit freilich für Kirchen entworfen wurden. So heftete man damals bereits künstliche Edelsteine nachträglich auf bemalte und gebrannte Scheiben oder schmolz farbiges Glaspulver in der „heißen Technik" auf Trägerglas auf.

Im nördlichen Seitenschiff des Kölner Doms fällt das Licht durch ein Fenster, auf dem der Kölner Erzbischof Phillip von Daun eine Stola trägt, die mit roten Glassteinen besetzt ist. Sie wurden mit einem transparenten „Kleber" befestigt, bestehend aus Mennige und einem hellorange-farbenen kristallinen Pigment. Dieses Verfahren wie einige andere Sonderformen der Glasveredelung aber setzten sich nicht durch und sind heute fast schon vergessen. Im Kölner Dom etwa haftete das Bindemittel nicht ausreichend. So ist dort von ursprünglich sechs Steinfassungen aus der Zeit um 1509 nur noch eine original erhalten.

Vielleicht hatte sich jener unbekannte Werdauer Jugendstilkünstler ja in Köln umgetan und Schriften über Glasmalerei studiert, um sich inspirieren zu lassen. Allerdings kann auch seine eigene Experimentierfreude, wie sie zur Jahrhundertwende in der Luft lag, das ungewöhnliche Glasperlenfenster unabhängig von mittelalterlichen Vorbildern hervorgebracht haben.

Während die Damen der sächsischen Gesellschaft wohl mehr das Luxuriöse und Unkonventionelle des Fensters faszinierte, interessieren den

Denkmalpfleger heute vor allem die mosaikartige Technik und die Herkunft der Perlen. Als der Kunstglaser Dietmar Thierfeldt das vierflüglige Fenster 1997 mit der finanziellen Unterstützung der Deutschen Stiftung Denkmalschutz zu restaurieren begann, machte er eine Entdeckung: Gemeinsam mit dem neuen Eigentümer des Hauses, Uwe Reinhold, fand er heraus, daß die Kügelchen wahrscheinlich aus der Glasbläserstadt Lauscha in Thüringen stammen. Doch die Firma, in der die Vogels ihre Perlen erwarben, mußte kurz nach der Wende schließen. Aus ihren Restbeständen bekam Thierfeldt dennoch, was er suchte: einige fehlende Kügelchen, die ursprünglich auf einer Trägerscheibe klebten und von einer zweiten Glasscheibe geschützt wurden. Die Glassplitter für das defekte Blattwerk und die Äste stampfte er sich aus mundgeblasenem Antikglas selbst zurecht.

Wer das Glasperlenfenster bestaunen möchte, der besuche die zum „Hotel Katharinenhof" umgebaute Jugendstilvilla in Werdau. Dort ist der ehemalige Salon der Damen als „Werdauer Genealogie Bibliothek" Lesern und Gästen zugänglich.

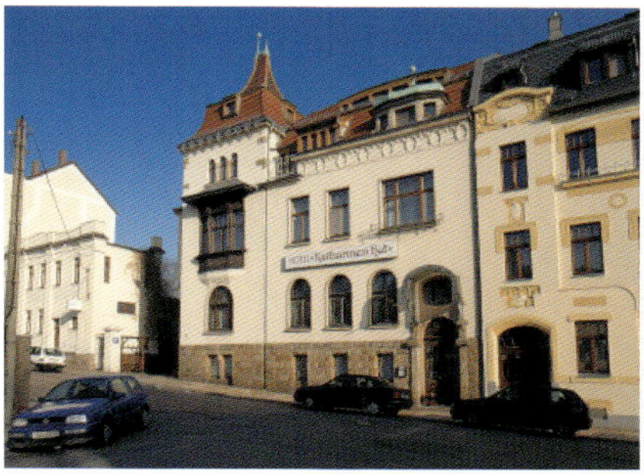

„Hotel Katharinenhof", in dem sich die „Werdauer Genealogie Bibliothek" befindet (unten)

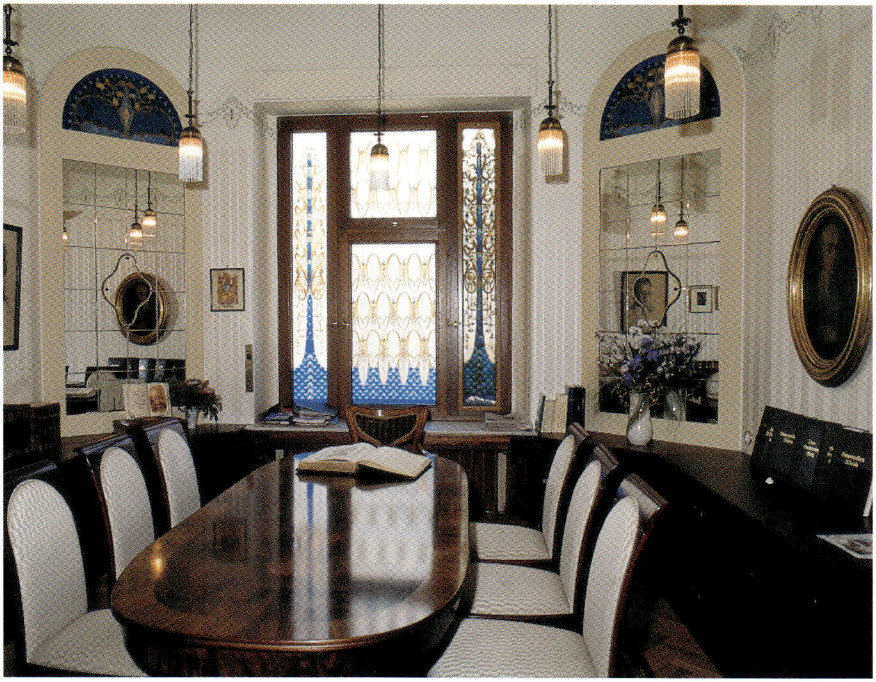

Impressum:

Redaktion 1. Aufl.: Dr. Claudia Schwalfenberg, Dr. Ingrid Scheurmann
Redaktion 3. Aufl.: Heike Kühn

Satz:	Rüdiger Hof, Bonn/Wachtberg
Schrift:	Goudy B
Papier:	BVS plus matt, 135 g/m^2
Lithographie:	Saase + Heller, Ingelheim
Herstellung:	Konkordia GmbH, Bühl

Bildnachweis: Alle Fotos, die nicht nachgewiesen werden, stammen von Marie-Luise Preiss, Bonn. Weitere Fotografen: Bayerische Verwaltung der staatlichen Schlösser, Gärten und Seen, München/Museumsabteilung, Titel unten links, S. 6 mitte, 31, 34-36; Hans Bach, Potsdam, S. 16-19; www.fotocorinna.de, S. 21; Jürgen Gregori, Euskirchen-Flamersheim, S. 54f.; Josef Keppler, Lindewerra, S. 32f.; Landesdenkmalamt Baden-Württemberg, Außenstelle Freiburg/Volker Hombach, S. 90-92; Florian Monheim, Meerbusch, S. 50; Roland Rossner, Bonn, Titel mitte rechts, S. 7 unten, 77, 80f., 86-89; Stadtverwaltung Belgern, S. 58/59; SZ/Wolfgang Wittchen, S. 62; Gebhard Schauer, Rottenbuch, S. 64f.; Joseph Schmidt, Batzdorf, S. 85 unten; Verlag Schnell & Steiner, Regensburg/Kurt Gramer, Bietigheim-Bissingen, S. 42, 43 oben; Stiftung Preußische Schlösser und Gärten Berlin-Brandenburg, Potsdam/Roland Handrick, S. 28 oben; Gerlinde Thalheim, Bonn, S. 46; Thüringisches Landesamt für Denkmalpflege, Erfurt/Helma Trefz, S. 70f.

Verlag: Deutsche Stiftung Denkmalschutz, MONUMENTE Publikationen
Dürenstraße 8, 53173 Bonn, Fax: 02 28-9 57 35-28

3. überarbeitete Auflage 2006

Die Deutsche Bibliothek – CIP-Einheitsaufnahme

Friedrich Ludwig Müller (Hrsg.): Kurioses aus der Denkmallandschaft. Von irdischen und himmlischen Geschöpfen. – Bonn: Dt. Stiftung Denkmalschutz, Monumente Publ. Bd. 1 – 3. überarb. Aufl. (2006)

ISBN 3-936942-69-2 / ISBN-13: 978-3-936942-69-9